교부 문헌 총서 24
토빗 이야기

AMBROSIUS

DE TOBIA

Translated with introduction and notes by Wono CHOE

© Benedict Press, Waegwan, Korea 2016

교부 문헌 총서 24
토빗 이야기
2016년 11월 15일 교회 인가
2016년 12월 25일 초판 1쇄
지은이 · 암브로시우스
역주자 · 최원오
펴낸이 · 박현동
성 베네딕도회 왜관수도원
ⓒ 분도출판사

등록 · 1962년 5월 7일 라15호
39889 경북 칠곡군 왜관읍 관문로 61
출판사업부 · 전화 02-2266-3605 · 팩스 02-2271-3605
인쇄사업부 · 전화 054-970-2400 · 팩스 054-971-0179
www.bundobook.co.kr

ISBN 978-89-419-1624-6 94230
ISBN 978-89-419-9755-9 (세트)
값 25,000원

교부 문헌 총서 24

암브로시우스

토빗 이야기

최원오 역주

분도출판사

'교부 문헌 총서'를 내면서

제2차 바티칸 공의회 「계시 헌장」*Dei Verbum* 7-10항에서 밝히고 있듯이, 하느님의 계시는 신·구약 성경과 성전聖傳을 통해 우리에게 전달되는데, 이 둘은 하느님의 똑같은 원천에서 흘러나오므로 하나를 이룰 만큼 서로 밀접히 연결되어 있다. 바로 "교부들의 말씀은 믿고 기도하는 교회의 실생활 가운데 풍부히 흐르고 있는 이 성전의 생생한 현존을 입증한다"(8항). 즉, 교부들의 말씀은 성전의 주축을 이루고 있으므로 교부 문헌 연구는 하느님의 계시에 접근하는 데 중대하고 필요 불가결의 길이라 할 수 있다.

짧은 역사의 한국 교회는 그동안 성경 연구에 큰 관심을 가져 괄목할 만한 진전을 해 왔으나 교부 문헌 연구는 극히 미미하였다. 이에 우리는 분도출판사를 중심으로 '교부 문헌 총서 기획위원회'를 구성하여, 교부 문헌의 번역·간행을 계속해 나감으로써 교부 문헌 연구에 새로운 전기를 마련하기로 하였다.

우리는 이 '교부 문헌 총서'가 한국 교회의 신학 발전에 다음과 같은 도움이 되기를 바란다.

첫째, 성경 연구에 도움이 될 수 있다. 사도교부들(Patres apostolici)은 사도들의 직제자 혹은 그 직제자들의 제자들이었으므로 그들의 문헌은 신약성경(특히 사목서간들)에 나타나 있는 사도들의 가르침과 신학을 잘 반영하고 있을 뿐 아니라 신약성경에 표현되지 않은 초기 교회의 모습을 보여 주고 있기 때문이다. 또한 그 후의 교부들의 글에서도 성경은 그 기초가 되고 있으며, 때때로 성경 해설을 위한 강론(Homilia식 Tractatus)들과 본격적인 성경 주해서(Commentarium)들이 있다.

둘째, 이상하게 들릴지 모르지만, 한국 교회 신학의 토착화에 도움이 될 수 있다. 교부시대는 사도들로부터 전수받은 그리스도의 복음이 그리스·로마 문화에 정착되는 시기라 할 수 있다. 예수님과 사도들 그리고 복음서의 청중들은 모두 히브리인들이었으며, 그래서 복음은 먼저 히브리 문화권 안에서 선포되었다. 이 복음이 제자들의 선교 활동을 통해 히브리 문화와는 다른 그리스 문화권에 선포되면서 일종의 토착화 과정이 있었으며, 또 라틴 문화권에 선포될 때 또 다른 토착화 과정이 있어야 했다. 그리스도교의 신학은 이러한 토착화의 시도 과정에서 때로 많은 시행착오(이단과 열교)를 거치면서 발전되고 정착되어 왔다. 사실 교부들은 토착화 과정에서 그리스도의 복음이 변질되어서는 안 된다는 원칙 아래 해당 문화권에서 수용할 수 있는 것과 할 수 없는 것을 엄격히 구별하였던 것이다. 제2차 바티칸 공의회 이후 한국 교회 안에서도 토착화의 필요성이 자주 거론되고 있다. 우리는 교부들이 행했던 토착화의 시도 과정과 그 방법을 연구함으로써 우리의 토착화 작업에 도움을 받을 수 있을 것이다.

셋째, 한국 교회의 에큐메니즘 운동에 도움이 될 수 있다. 세계적으로 한국만큼 기독교의 종파가 많은 곳도 드물다. 가톨릭과 개신교 사이의 차이는 말할 것도 없지만 개신교 사이에서도 서로 극심한 차이가 있다. 사실 개신교의 종파는 성경의 자유 해석에서 기인하는 경우가 많은데, 자기의 해석을 고집하기에 앞서 성경시대와 가까웠던 교부시대에서 성경을 어떻게 이해하고 생활했는지 알아볼 필요가 있다. 또 잊어서는 안 될 점으로, 그 신도 수가 많지는 않지만 동방 정교회가 한국에도 있는데, 동방 교회는 교부시대의 전통을 잘 유지하고 있으므로 서방교회(로마 가톨릭, 프로테스탄트,

성공회)는 동방 교회 전승에서 많은 것을 배우고 보완할 수 있다. 따라서 우리는 각 교회 모두가 공동으로 소유하고 있는 성경 그리고 서로 갈리기 전 초세기 교회의 모습, 즉 교부 문헌을 같이 연구함으로써 서로의 차이점을 함께 좁혀 나갈 수 있을 것이다.

일반적으로 교부 문헌을 어렵고 고루한 전문 서적으로 생각하는 경향이 있다. 이러한 생각은 교부 문헌을 직접 접할 기회가 적었던 데서 오는 막연한 선입관에 불과하다. 대부분의 교부들은 사목자들이었으며 그들의 글은 당시의 수사학에서 나온 연설체·강론체적인 성격을 가진 것들이 많다. 그래서 때로는 설득을 위한 지나친 강조나 지루한 반복이 있는 것도 사실이나 글에 힘이 있으며 이해하는 데 그다지 어렵지 않다.

아무쪼록 앞으로 이 총서가 많은 이의 관심과 협력과 채찍질에 의하여 속속 간행되면서 더욱 많은 이의 연구와 생활에 도움이 되기를 바라 마지 않는다.

1987년 6월 29일
이형우

|차례|

해제

본문과 역주

9

DE TOBIA

해제

1. 작품 형식

397년 암브로시우스가 세상을 떠나자, 암브로시우스의 서기(notarius)였던 파울리누스 부제[1]는 아우구스티누스의 요청으로 『암브로시우스의 생애』*Vita Ambrosii*를 저술했다. 파울리누스의 증언에 따르면, "암브로시우스께서는 모든 악의 뿌리인 탐욕이 풍요로도 결핍으로도 줄어들지 않고, 오히려 사람들, 특히 권력자들 사이에서 더욱 더 커져 가는 것을 보시면서 크게 탄식하셨다. 그들 사이에 개입하시는 것이 그분께는 매우 무거운 직무였다. 왜냐하면 이 모든 것은 대가를 치러야 했기 때문이다".[2]

---

[1] C. Sotinel, "Paulinus diaconus", in: *Augustinus-Lexikon*, vol. 4, Fasc. 3/4, Basel 2014, 537 참조.

[2] 파울리누스 『암브로시우스의 생애』 41.

실제로 암브로시우스는 성물을 팔아 가난한 사람들을 구제했다는 이유로 사람들의 미움을 사기도 했고,[3] 이자놀이를 강력하게 규탄하는 설교를 들은 사람들이 주교를 거슬러 쏟아 내는 비난과 조롱 섞인 뒷담화를 견뎌야만 했다.

> 이틀 전 우리 강해가 몇몇 사람들의 심기心氣를 건드렸을 때 그들이 했다는 말을 내가 모르지 않습니다. "주교는 무슨 심보로 이자놀이꾼들을 거슬러 강해를 하는가? 무슨 새로운 잘못이라도 저질렀단 말인가? 조상들도 그런 일을 하지 않았던가? 대출은 오랜 관행 아닌가?" 맞습니다. 나도 부인하지 않겠습니다. 그러나 오랜 잘못이기도 합니다.[4]

어린 황제 발렌티니아누스 2세와 아리우스파를 등에 업고 교회를 무력으로 탄압하던 유스티나 황태후에 맞서 민중과 더불어 목숨을 걸고 저항하며 정의를 위해 기꺼이 죽을 준비가 되어 있었던 암브로시우스,[5] 심마쿠스를 비롯한 로마 원로원의 집요하고 야비한 수구적 공세에 당당하게 맞섰던 암브로시우스,[6] 정통 신앙의 보호자요 교회일치의 보증인으로서 그리스도교에 우호적이었던 테오도시우스 황제가 저지른 테살로니카 양민 학살을 정면으로 비판하며 속죄와 참회를 명령했던 암

---

3 『성직자의 의무』 2,28,136; 에른스트 다스만 『교회사 II/2』 하성수 옮김, 분도출판사 2016, 421-436 참조.

4 『토빗 이야기』 23,88.

5 『서간집』 20,8; 아우구스티누스 『고백록』 9,7,15 참조.

6 『서간집』 18,5,21 참조.

브로시우스,[7] 심지어 인생의 마지막 순간에조차 "나는 죽는 것이 두렵지 않습니다. 우리는 좋으신 주님을 모시고 있기 때문입니다"[8]라고 말하며 끝까지 평정심을 잃지 않았던 암브로시우스는, 한낱 세상의 돈과 권력 따위에 흔들리거나 적당히 타협할 인물은 아니었다.[9]

부자들과 권력자들의 고삐 풀린 탐욕을 꾸짖는 암브로시우스의 사회 교리 가운데 대표작은 『나봇 이야기』De Nabuthae historia,[10] 『토빗 이야기』De Tobia, 그리고 『엘리야와 단식』De Helia et ieiunio이다. 이 세 작품 모두 성경의 인물을 표제로 내세우고 있다. 『나봇 이야기』에서는 가난한 나봇의 포도밭뙈기를 차지하려고 살인조차 서슴지 않은 아합 임금에 빗대어 부자들의 추악한 탐욕을 날카롭게 비판했고, 『엘리야와 단식』은 탐식과 과음, 사치와 방탕에서 벗어나 영육으로 절제된 삶을 살아갈 것을 권고하면서 엘리야 예언자를 본보기로 제시했으며, 『토빗 이야기』는 '정의와 자비와 환대'[11]를 실천한 토빗을 주인공으로 설정하여 이자놀이와 불로소득의 죄악성을 낱낱이 파헤쳤다.

---

7 『서간집』 51; 테오도레투스 『교회사』 5,18 참조.

8 『암브로시우스의 생애』 45,2; 포시디우스 『아우구스티누스의 생애』 27,7.

9 암브로시우스의 교회 정치에 관해서는 에른스트 다스만 『교회사 II/1』 하성수 옮김, 분도출판사 2013, 138-148; 200-208을 참조하고, 암브로시우스의 생애와 사상에 관해서는 A. Paredi, *Sant' Ambrogio e la sua età*, Milano 2015; M.G. Mara, "Ambrogio di Milano", *Nuovo Dizionario Patristico di Antichità Cristiane*, Milano 2006², 229-235; E. Dassmann, *Ambrosius von Mailand: Leben und Werk*, Stuttgart 2004; 장인산 「암브로시오」, 『한국가톨릭대사전』 8, 한국교회사연구소 2003, 5874-5882; C. Markscheis, "Ambrose of Milan", *Lexikon der antiken christlichen Literatur*, Siegmar 2002, 12-20; E. Dassmann, "Ambrosius", in *Augustinus Lexikon*, vol. 1, Basel 1994, 270-285를 참조하라.

10 암브로시우스 『나봇 이야기』 최원오 역주, 분도출판사 2012 참조. 암브로시우스의 『나봇 이야기』에 관한 교황 프란치스코의 해설은 2016년 2월 24일 교황 일반 알현 참조.

11 『토빗 이야기』 1,2 참조.

암브로시우스는『토빗 이야기』의 첫머리에서 다음과 같이 작품 구상을 밝히고 있다.

> 우리는 토빗이라는 제목이 붙은 예언서를 봉독했고, 성경은 거룩한 예언자의 덕행을 우리에게 충분히 알려 주었지만, 그분의 덕행과 행적을 간추린 이야기로 살펴보는 것이 여러분에게 유익하리라 생각합니다. 성경은 역사적 방법으로 더 폭넓게 기록하였지만, 우리는 토빗이 지닌 덕행의 종류를 초록抄錄처럼 간추려서 더 간결하게 설명할 것입니다.[12]

그러나 토빗의 덕행을 간추려 소개하겠다던 암브로시우스의 애초 계획과는 달리,『토빗 이야기』는 신약과 구약성경의 다양한 구절들을 자유자재로 끌어들여 이자와 돈놀이의 죄악성을 비판하고, 고리대금과 담보대출 관행을 거룩한 전통인 양 합리화하던 수구 세력들의 궤변을 반박하는 데 집중한다. 그런 까닭에『토빗 이야기』를 본격적 의미의 성경 주석 작품으로 보기는 어렵다. 적어도 두 차례에 걸친 강해를 묶어 놓은[13]『토빗 이야기』는 구약의 친숙한 인물인 토빗을 내세운 성경 강해에서 탄생한 그리스도교 사회 교리 문헌이라 하겠다.

---

12 『토빗 이야기』 1,1.
13 『토빗 이야기』 23,88의 각주 참조.

2. 원천

대 바실리우스(329/30~379년)는 저술에서나 활동에서 교회의 사회운동을 선구적으로 개척한 인물이다. 가난이 심화되고 있던 로마제국은 무거운 세금으로 식민지와 민중의 삶을 짓누르고 있었으며, 고리대금의 병폐로 곪아 터지고 있었다. 바실리우스는 이 모든 것의 증인으로서, 다음과 같은 사회 교리의 큰 주제들을 발전시켰다. 모든 사람은 하느님 앞에 본성적으로 평등하다는 것, 모든 인간은 더할 나위 없이 존엄하다는 것, 소수 특권층의 탐욕과 축재를 제한하기 위해 분배 정의를 실현해야 한다는 것, 가난한 사람들을 비인간화하고 비참한 현실로 내모는 온갖 사회구조적 불의를 타파해야 한다는 것 등이다.[14]

암브로시우스보다 열 살 선배인 바실리우스는, 전혀 다른 문화와 전통을 지닌 동방의 카이사리아에서 9년 동안 주교로 활동하다가 쉰 살에 귀천했다. 마흔한 살에 주교가 된 바실리우스가 '대 바실리우스' Basilius Magnus라고 불리기까지는 9년의 세월밖에 걸리지 않았다.[15] 암브로시우스는 동시대를 살았던 이 위대한 교부를 진심으로 존경하고 사랑했다. 암브로시우스의 대표작『육일 창조』Hexaemeron가, 똑같은 이름을 지닌 바실리우스의『육일 창조』에 큰 빚을 지고 있다는 사실이 이를 반증한다.[16]

368~369년경 카파도키아 지역을 휩쓴 흉년과 가뭄으로 수많은 민중

---

14 아달베르 함만『교부들의 길』이연학 · 최원오 옮김, 성바오로 2010², 190 참조.

15 아달베르 함만『교부들의 길』188-191 참조.

16 대 바실리우스『서간집』197 참조; 두 교부의『육일 창조』에 관한 비교 연구는 R. Henke, *Basilius und Ambrosius über das Sechstagewerk: eine vergleichende Studie*, Basel 2000 참조.

이 극심한 고통을 겪고 있을 때, 부자들은 매점매석과 이자놀이로 극대화된 수익의 단물을 빨아먹고 있었다. 대 바실리우스는 인간에 대한 최소한의 연민과 공감 능력마저 상실한 부자들의 후안무치厚顔無恥와 야만적 탐욕을 엄하게 꾸짖는 강렬하면서도 감동적인 설교들을 쏟아 냈다. 그 가운데 『내 곳간들을 헐어 내리라』(강해 6)*Destruam horrea mea*, 『부자에 관한 강해』(강해 7)*Homilia in divites*, 『흉년과 가뭄 때 행한 강해』(강해 8)*Homilia dicta tempore famis et siccitatis*, 『하느님이 악을 만드신 분이 아닌 이유』(강해 9)*Quod Deus non est auctor malorum* 네 편은 매우 아름답고 가슴 뭉클하다. 부자들의 끝 모르는 탐욕에 대한 치열한 비판, 가난한 사람들을 죽음으로 내모는 사회구조적 불의와 불공평에 대한 탁월한 분석은 그의 오랜 벗이자 동료 주교인 나지안주스의 그레고리우스가 저술한『가난한 이들에 대한 사랑』*De pauperum amore*에도 고스란히 반영된다. 바실리우스의 이 강해들은 시리아어, 아르메니아어, 조지아어, 아랍어로도 번역되었고, 지역과 언어를 뛰어넘어 큰 공감을 불러일으켰다.[17] 라틴 교부이면서도 그리스어에 능통했던 암브로시우스는 바실리우스의 사상을 꿰뚫고 있었다. 그는 바실리우스의 핵심 가르침으로『나봇 이야기』의 뼈대를 세우고 라틴 문화와 언어로 재해석함으로써, 서방교회에도 이 주제에 관한 탁월한 사회 교리서를 선사해 주었다.[18] 밀라노와 카이사리아의 지리적 한계를 뛰어넘어, 가난한 사람들에 대한 애틋한 사랑과 사회정의를 위한 실천적 연대로써 진정한 동지요 동료 주교[19]

---

17 C. Moreschini, *I Padri Cappadoci. storia, lettura, teologia*, Roma 2008, 100-102 참조.

18 특히 『내 곳간들을 헐어 내리라』(강해 6)와 『부자에 관한 강해』(강해 7)가 『나봇 이야기』에 큰 영향을 주었는데, 이 문제에 관해서는 『나봇 이야기』 해제(교부 문헌 총서 20,24-25) 참조.

가 된 바실리우스와 암브로시우스는 저마다 동방교회와 서방교회의 4 대 교부로 공경받고 있다.

한편, 대 바실리우스는 빚이라는 미끼로 가난한 사람들을 착취하고 돈의 노예로 전락시키는 참혹한 현실과, 가난한 노동자들의 품삯과 생계비마저 가로챔으로써 가정과 사회를 파멸시키는 돈놀이꾼들의 죄악에도 침묵할 수 없었다. 이 주제에 관한 바실리우스의 대표작은 『시편 제14편[20] 둘째 강해』Homilia II in psalmum XIV(일명 『이자놀이꾼 반박』Contra foeneratores)이다.[21] 바실리우스의 동생이자 니사의 주교였던 그레고리우스도 형의 가르침을 『고리대금업자 반박』Contra usurarios에 충실하게 담아 전하고 있다. 밀라노의 주교 암브로시우스는 바실리우스의 설교 소재들과 줄거리를 적절히 활용하면서도 토빗의 덕행을 본보기로 내세워, 야만적 이자놀이의 죄악성을 파헤치는 그리스도교 사회 교리를 서방 사회에 토착화했으니, 이것이 바로 『토빗 이야기』다. 『나봇 이야기』가 그러하였듯이 『토빗 이야기』도 암브로시우스의 강해에 크게 기대고 있지만, 사회적 약자들을 착취하며 돈으로 돈을 버는 부자와 권력자들에 대한 거룩한 분노, 사회적 불평등과 불의한 현실에 대한 강한 비판의

---

19 '주교들의 단체성'(collegialitas episcopalis)에 관해서는 J. Lécuyer, "Épiscopat", Dictionnaire de spiritualité ascétique et mystique, Paris 1960, 895 참조.

20 시편 제14편: "주님, 누가 당신 천막에 머물 수 있습니까? 누가 당신의 거룩한 산에서 지낼 수 있습니까? ⋯ 이자를 받으려고 돈을 놓지 않으며 무죄한 이에게 해되는 뇌물을 받지 않는다네. 이를 실행하는 이는 영원히 흔들리지 않으리라."

21 바실리우스의 『시편 제14편 둘째 강해』(PG 29,263-280)에 관한 해설과 현대어 번역은 Basilio di Cesarea, La cura del povero e l'onere della ricchezza – Testi dalle Regole e dalle Omelie, L.F. Pizzolato (ed.), Roma 2013; Ambrogio di Milano, "Omelia di Basilio il Grande sul Salmo XIV"(appendice), Il buon uso del denaro. Il tesoro di Tobi, A. Grosso (ed.), Milano 2013; St. Basil the Great, On Social Justice, C.P. Schroeder (ed.), New York 2009, 147-157 참조.

식, 의지가지없는 가난한 사람들을 빚의 노예로 전락시키고 죽음의 벼랑으로 떠미는 약탈적 대출과 이자 관행을 단죄하는 사자후獅子吼,[22] 가난한 이들에 대한 따뜻한 사랑과 연민, 공감과 연대의 감수성은 분명 암브로시우스 고유의 것이다.

3. 친저성 문제

『토빗 이야기』는 수사학적 기법이 과다하다는 이유로 에라스무스를 비롯한 몇몇 인문주의자들로부터 그 친저성을 의심받기도 했다.[23] 그러나 『토빗 이야기』의 내용이나 구조, 글쓰기 방식 등에 대한 다양한 비교 분석으로 이러한 주장은 차츰 시들해졌고, 아우구스티누스의 『율리아누스 반박』Contra Iulianum에 나오는 두 가지 결정적 증거는 『토빗 이야기』의 친저성 논란에 쐐기를 박았다. 아우구스티누스는 펠라기우스파 주교 율리아누스를 반박하기 위해, 원죄에 대한 동방과 서방 교부들의 다양한 가르침을 일일이 인용하면서 암브로시우스의 『토빗 이야기』에 나오는 다음 두 대목도 빠뜨리지 않았는데, 이 본문이 암브로시우스의 작품과 정확하게 일치하기 때문이다.

> 암브로시우스는 『토빗기 해설』Expositio libri Tobiae[24]에서 "하와가
> 악마에게서 죄를 빌린 탓에, 온 인류가 죄스러운 상속 이자로 빚을

---

[22] 『토빗 이야기』 21,84 참조.

[23] 에라스무스는 암브로시우스 전집의 편집자였다. *Opera Omnia Ambrosii episcopi mediolanensis*, Desiderius Erasmus Roterodamus (ed.), Basilea 1527 참조.

[24] 『토빗 이야기』*De Tobia*를 가리킨다.

지게 되었으니, 이 죄의 돈놀이꾼은 악마가 아니고 누구이겠습니까?"[25]라고 합니다. 또 같은 책에서 이렇게 말합니다. "악마는 남자를 걸려 넘어지게 하고 유산을 저당 잡기 위해 하와를 속였습니다."[26]

4. 저술 시기

『토빗 이야기』가 언제 저술되었는지 추정할 수 있는 실마리는 거의 없다. 다만, 암브로시우스의 저술 가운데 바실리우스에게 비슷한 영향을 받은 사회 교리서인『토빗 이야기』,『나봇 이야기』(386~390년경),『엘리야와 단식』(389년경), 그리고 바실리우스의 작품 제목을 딴『육일 창조』(386~390년)가 엇비슷한 시기에 저술되었으리라는 데는 이견이 거의 없다.[27] 매우 개연적이기는 하지만, 암브로시우스가 트렌토의 새 주교 비르길리우스에게 보낸 편지(385년)[28]에서 인용한 판관기 14장 14절은 암브로시우스가『토빗 이야기』에서 언급한 변형된 그리스어 본문[29]을 반영하지 않고 있다는 이유로,『토빗 이야기』의 저술 시점은 적어도 385년 이후라고 짐작할 따름이다.[30]

---

25 아우구스티누스『율리아누스 반박』1,3,10 =『토빗 이야기』9,33.

26 아우구스티누스『율리아누스 반박』1,3,10 =『토빗 이야기』23,88.

27 F. Gori, "Introduzione", *Sant'Ambrogio. Opere esegetiche VI. Elia e il Digiuno. Naboth. Tobia*, Milano-Roma 1985, 28-30 참조.

28 『서간집』19 참조.

29 『토빗 이야기』15,53 참조.

30 J.-R. Palanque, *Saint Ambroise et l'Empire romain. Contribution à l'histoire des rapports de l'Église et de État à la fin du quatrième siècle*, Paris 1933, 473. 511 참조.

여기서는 암브로시우스의 생애와 전집의 방대한 연대를 치밀하게 분석한 비소나G. Visona의 『암브로시우스 연대기』Cronologia Ambrosiana를 따라, 『토빗 이야기』의 저술 시기를 386~389년경으로 제시한다.[31]

5. 편집본

(1) C. Schenkl (ed.), CSEL 32/2 (1897), 519-573.

(2) F. Gori (ed.), Sant'Ambrogio. Opere esegetiche VI. Elia e il Digiuno. Naboth. Tobia (= Sancti Ambrosii Episcopi Mediolanensis Opera 6 = SAEMO 6), Milano-Roma 1985, 198-285[C. Schenkl의 편집본을 수정 · 보완한 비판본].

* 이 번역의 라틴어 대역본으로는 쉥클C. Schenkl이 편집하고 고리F. Gori가 수정 · 보완한 『암브로시우스 전집』 제6권(SAEMO 6)의 비판본을 사용했다.

6. 주요 현대어 번역본[32]

(1) 영어: L.M. Zucher, Saint Ambrose. De Tobia(= Patristic Studies 25), Washington, D.C. 1933.

(2) 이탈리아어: Ambrogio di Milano. Il buon uso del denaro. Il tesoro di Tobi, traduzione dal latino di Alberto Grosso, Torino

---

31 G. Visona, Cronologia Ambrosiana. Bibliografia Ambrosiana, Roma 2004, 46-50 참조.

32 교부들의 주요 현대어 번역본을 모은 A. Keller (ed.), Translationes patristicae Graecae et Latinae: Bibliographie der Übersetzungen altchristlicher Quellen, Stuttgart 1997, 37-38 참조.

2013; *Sant'Ambrogio. Opere esegetiche VI. Elia e il Digiuno. Naboth. Tobia*, introduzione, traduzione, note e indici di F. Gori(= *SAEMO* 6), Milano-Roma 1985, 198-285; *Ambrosii de Tobia*, saggio introduttivo, traduzione con testo a fronte di M. Giacchero(= Pubblicazioni dell'Istituto di filologia classica e medievale dell'Università di Genova), Genova 1965.

7. 토빗기의 줄거리

토빗기는 기원전 8세기와 7세기를 시대적 배경으로 삼고 있지만, 실제로는 기원전 200년경에 저술된 것으로 추정된다.[33] 민중 설화 또는 이야기 신학인 토빗기의 중심 주제는 '자선'($\dot{\epsilon}\lambda\epsilon\eta\mu o\sigma\dot{\nu}\nu\eta$)과 '의로움'($\delta\iota\kappa\alpha\iota o\sigma\dot{\nu}\nu\eta$), 곧 사회적 차원의 사랑과 정의의 실천이다. 하느님께서는 고통에 몸부림치는 인간의 간절한 기도를 흘려듣지 않으시고, 고달픈 인생 여정에 늘 가까이 동행해 주신다. 그러므로 언젠가 실현될 귀향의 날을 희망하며 지금 그리고 여기서 의로운 일을 실천하고 자선을 베풀며 기쁘게 살아가야 한다는 교훈을 담고 있다.[34]

가톨릭에서는 토빗기를 정경으로 받아들이지만 개신교와 유다교에서는 정경성을 인정하지 않기에, 토빗기에 생소한 독자들을 위해 성경 줄거리를 간략하게 소개한다.[35]

---

33 한국천주교주교회의『주석 성경』한국천주교중앙협의회 2010, 1156 참조.
34 헬무트 엥겔『구약성경 개론』에리히 쳉어 엮음, 이종한 옮김, 분도출판사 2012, 484-501 참조.
35『성경』(한국천주교주교회의) 요약.

토빗의 젊은 시절과 아시리아 유배

토빗은 이스라엘 고향 땅에서 살던 젊은 시절부터 선행과 자선을 실천하며 진리의 길을 걸었다. 어른이 되어서는 안나와 결혼하여 아들 토비야를 낳았다. 포로가 되어 아시리아의 니네베로 끌려갔지만, 살만에세르 임금의 호의와 귀염을 받았고, 물품 구입 담당자로 출세하게 된다. 이때 메디아의 가바엘에게 은 열 탈렌트를 맡긴다.

시신 매장과 도피 생활

살만에세르 임금이 죽고 그의 아들 산헤립이 뒤를 이어 임금이 되었다. 토빗은 자선을 멈추지 않았고, 산헤립의 시신 매장 금지령에도 아랑곳하지 않고 죽은 이들을 묻어 주었다. 이 일이 들통나자 토빗은 도피 생활을 시작했고, 아내 안나와 아들 토비야 외에는 모든 것을 몰수당했다.

귀환 축제

산헤립 임금이 살해당하고 그의 아들 에사르 하똔이 뒤를 이어 임금이 되자, 새 임금은 토빗의 조카 아키카르를 고위관직에 앉힌다. 아키카르의 배려로 토빗은 집에 돌아가게 된다. 오순절 축제 때 자신을 위한 환영 잔치가 벌어졌지만, 토빗은 차려진 음식을 먹기 전에 가난한 이들을 데려오라고 아들 토비야를 보낸다. 또 장터에 버려진 시신을 수습한 다음에야 음식을 먹었고, 해가 진 뒤 매장했다.

실명과 기도

바로 그날 밤, 잠을 자는 동안 뜨거운 참새 똥이 두 눈에 떨어지는 바람에 토빗은 시력을 잃었다. 어쩔 수 없이 아내 안나가 가내 부업으로 생계를 꾸리지만, 품삯 외에 선물로 받은 새끼 염소조차 주인에게 되돌려 주라는 토빗에게 아내는 성질을 부린다. 토빗은 마음이 몹시 괴로워 탄식하며 울었다. 그리고 탄식 속에서 기도한다.

사라의 기도

한편, 메디아의 엑바타나에는 친족 사라가 살고 있었다. 사라는 일곱 남자에게 시집갔지만 신랑과 한 몸이 되기도 전에 악귀가 그 남편들을 죽여 버렸다. 여종의 모욕에 자살 충동마저 느낀 사라는 하느님께 간절히 기도한다. 토빗과 사라의 기도를 들으신 하느님께서는 두 사람을 고쳐 주도록 라파엘을 파견하신다.

토비야의 길잡이 라파엘 천사

토빗은 토비야에게 유언을 남기면서, 20년 전에 메디아의 가바엘에게 맡겨 둔 돈을 찾아오게 한다. 믿을 만한 동행자를 구하러 밖으로 나간 토비야는 라파엘 천사를 만나고, 라파엘 천사는 토비야의 길잡이가 된다.

토비야와 사라의 혼인

메디아의 엑바타나 가까이 이르렀을 때, 라파엘은 토비야에게 사라와 혼인하라고 권유한다. 사라의 아버지 라구엘은 토비야 일행을 환대

했고, 혼인을 허락한다. 신혼부부가 된 토비야와 사라는 그날 밤 신방에 들어, 여행 도중에 잡은 물고기의 간과 염통을 향불에 태워 마귀를 물리친 뒤 기도를 올린다. 이튿날 열나흘간의 혼인 잔치가 시작되자, 토비야는 라파엘을 보내 돈을 찾아오게 한다. 라파엘이 가바엘에게서 돈을 찾아오고 두 주일에 걸친 잔치가 끝나자, 토비야는 사라와 함께 집을 향해 떠난다.

토빗의 시력 회복

아들이 돌아오기를 손꼽아 기다리던 안나는 토비야가 오는 것을 알아보고는 달려가서 아들의 목을 껴안고 운다. 토빗도 비틀거리며 마당문을 나서는데, 토비야는 물고기 쓸개를 아버지의 눈에 발라 시력을 되찾아 준다. 니네베 사람들의 축복 속에서 혼인 잔치가 끝나자, 토빗은 가지고 온 재산의 절반을 라파엘에게 품삯으로 주겠노라 제안한다. 바로 그때 라파엘은 자신이 천사임을 밝히고 하느님께 올라간다. 토빗은 긴 찬미가를 바친다.

토빗의 죽음

토빗은 시력을 되찾은 뒤에도 자선을 베풀다가, 백열두 살에 평화로이 죽어 장엄한 장례식과 함께 니네베에 묻혔다. 토빗은 죽을 때가 되자 토비야를 불러 니네베를 떠나 메디아로 가라는 유언을 남긴다. 그리고 하느님의 자비로 언젠가 다시 이스라엘 땅으로 돌아가 하느님의 집을 짓게 되리라는 희망도 전해 준다. 그 뒤 안나도 죽어 토빗 곁에 묻히자, 토비야는 아내 사라와 함께 메디아로 가 처부모를 잘 모시고 영예롭게 살다가 백열일곱 살에 죽었다.

8. 아우구스티누스가 전하는 토빗기

아우구스티누스(354~430년)는 신약과 구약성경에서 삶의 원칙을 거울처럼 제시하는 중요한 구절들을 뽑아 『보감』寶鑑(Speculum, 427년)이라는 책을 펴냈다.[36] 일찍이 『고백록』에서 "오, 빛이여! 그 감긴 눈으로도 아들에게 생명의 길을 가르치고, 결코 어긋나는 법 없이 사랑의 발로 아들을 앞서가던 토빗이 보던 빛이여!"[37]라고 노래했던 아우구스티누스가 『보감』에서 간추려 전하는 토빗기는 다음과 같다.

토빗기[38]

279. [토빗기 4장] 네 어머니가 살아 있는 동안 날마다 네 어머니를 공경하고, 네가 배 속에 있을 때에 네 어머니가 너 때문에 겪은 그 많은 위험을 생각해 보아라[4,3-4].

두 절 뒤에: 평생토록 하느님을 생각하고, 죄를 짓거나 네 하느님의 계명을 어기지 않도록 조심하여라. 네가 가진 것에서 자선을 베풀어라. 그리고 어떤 가난한 이에게서도 네 얼굴을 돌리지 마라. 그래야 주님께

---

36 포시디우스 『아우구스티누스의 생애』 28,3: "많은 책을 읽을 수 있는 사람이나 그렇지 못한 사람 모두에게 도움을 주고 싶은 열망으로, 신약과 구약 성경에서 삶의 원칙에 관하여 하느님의 명령과 금령을 담고 있는 구절을 뽑고 머리말까지 달아서 한 권의 책으로 엮으셨다. 그리하여 그 책을 읽고자 하는 사람은, 그 책을 통하여 스스로가 하느님께 얼마나 순종하는지 불순종하는지 인식할 수 있게 하셨다. 당신께서는 이 작품에 '거울'[寶鑑]이라는 제목을 붙이셨다."

37 『고백록』 10,34,52.   38 아우구스티누스 『보감』 279-281.

서도 너에게서 얼굴을 돌리지 않으실 것이다. 네가 할 수 있는 만큼 자비로운 사람이 되어라. 네가 가진 것이 많으면 넉넉히 나누어 주어라. 네가 가진 것이 적으면 기꺼이 베풀도록 힘써라. 네가 곤궁에 빠지게 되는 날을 위하여 좋은 상급을 쌓아 두는 것이다. 자선은 모든 죄와 죽음에서 구해 주고, 영혼이 암흑에 가지 않게 해 준다. 자선을 베푸는 모든 이에게 그 자선은 지극히 높으신 하느님 앞에 드리는 커다란 신뢰가 될 것이다. 아들아, 어떠한 간음도 저지르지 않도록 조심하여라. 네 아내 말고는 죄스러운 관계를 결코 맺지 마라. 네 느낌과 네 말에서 교만이 지배하도록 내버려 두지 마라. 교만에 모든 파멸의 기원이 있다. 누가 너를 위해 일을 해 주었든지 그에게 품삯을 바로 내주어라. 품팔이 노동자의 품삯이 너에게 전혀 남아 있지 않게 하여라. 네가 남에게 겪기 싫어하는 일을 다른 사람에게 하지 않도록 조심해라. 굶주린 이들과 가난한 이들과 더불어 네 빵을 나누어 먹고, 헐벗은 이들을 네 옷으로 덮어 주어라[4,6-17].

두 절 뒤에: 언제나 현명한 사람에게 조언을 구해라. 언제든 하느님을 찬미하여라. 그리고 너의 길을 곧게 해 주십사고 네 모든 결심이 하느님 안에 영원히 남을 수 있게 해 주십사고 그분께 간청하여라[4,19-20].

두 절 뒤에: 내 아들아, 두려워하지 마라. 우리는 가난한 삶을 꾸려 가고 있지만, 하느님을 두려워하고 모든 죄를 멀리하며 선을 행한다면 많은 선물을 지니게 될 것이다[4,23].

280. [토빗기 12장]

많은 구절 뒤에: 그때 라파엘이 그들에게 은밀하게 말하였다. 하느

님께서 너희에게 자비를 베풀어 주셨으니, 살아 있는 모든 이 앞에서 하늘의 하느님을 찬미하여라. 임금의 비밀은 감추는 것이 좋고, 하느님의 업적은 드러내고 밝히는 것이 영예롭다. 단식과 함께하는 기도는 좋고, 금을 쌓아 두는 것보다 자선이 낫다. 자선은 죽음에서 구해 주고 죄를 깨끗이 없애 주며, 영원한 삶으로 이끌어 준다. 그러나 죄와 불의를 저지르는 자들은 자기 영혼의 원수들이다[12,6-10].

281. [토빗기 14장]

조금 뒤에: 내 아들들아, 너희 아버지의 말을 들어라. 주님을 진심으로 섬기고, 그분께서 좋아하시는 일을 하도록 힘써라. 너희 자식들에게도 정의와 자선을 실천하도록 명하여라. 그리하여 언제나 진심으로, 그리고 힘을 다하여 그분을 찬미하게 하여라[14,10-11].

9. 이자놀이의 죄악성에 관한 교부들의 가르침[39]

일찍이 하느님 대신 금송아지[40]를 섬겼던 인간은 오늘날에도 돈을 신神처럼 섬기며 살아간다.[41] 마몬(Μαμωνᾶς, 物神)[42]의 위력을 믿고 돈의 권능을 붙좇는 천민자본주의의 또 다른 이름은 배금주의拜金主義(mamonism)이다.

---

[39] 이 글은 2015년 한국가톨릭철학회 · 서강대 철학연구소 공동학술대회(2015년 3월 21일, 서강대학교)에서 발표하고 『가톨릭철학』 24(2015), 5-38에 게재한 원고를 수정 · 보완한 것이다.

[40] 탈출 32,1-35 참조.

[41] 교황 프란치스코 『복음의 기쁨』 한국천주교중앙협의회 2014, 55 참조.

[42] 마태 6,24 참조.

이 새로운 우상숭배는 박해자의 칼이나 위협 없이도 자발적으로 이루어지고, 그리스도인이라는 이름을 달고 살아가는 이들이나 그렇지 않은 사람들 사이에 아무런 구별 없이 벌어지고 있다.

물질이 정신보다 숭상되고, 참되고 선하고 아름다운 것들이 돈, 명예, 권력 따위에 떠밀려 난 현대사회에서 자본은 또 하나의 거대하고 강력한 종교가 되었다.[43] 이윤을 극대화하는 데 방해되는 모든 것을 악으로 규정하는 신자유주의 신봉자들에게 '최고선'(Summum Bonum)이란 곧 최고 수익 창출이다. "탐욕스러운 인간은 이윤이 남는 것 말고는 '선'이라고 부를 줄 모르기 때문이다."[44]

동서양을 막론하고 '경제'經濟(oeconomia)라는 말마디는 '더불어 살아가는 세상'이라는 뜻을 함축하고 있다.[45] 그러나 오늘날 경제는 돈벌이와 동의어가 되어 버렸고, 교육과 문화를 비롯한 삶의 전반이 시장화되고, 종교마저 상업주의의 거센 파도에 휩쓸리고 있다. 인간을 일회용품이나 소모품처럼 쓰다가 폐기해 버리는 '배제의 문화'[46]가 독버섯처럼 퍼지고 있는 현실은, 돈이 신격화되고 시장이 종교화된 까닭이다.[47]

교환 수단이었던 돈이 인생 목표가 되고, 인간은 돈벌이 수단으로 전락하고 있다. 인간이 고안해 낸 가장 고약한 돈벌이 가운데 하나가

---

[43] 성정모『시장, 종교, 욕망』홍인식 옮김, 서해문집 2014, 129-165; 발터 벤야민「종교로서 자본주의」,『역사의 개념에 대하여』최성만 옮김, 길 2008, 119-126 참조.

[44] 암브로시우스『나봇 이야기』7,36.

[45] '경제'(經濟)란 세상을 다스려 백성을 구한다는 '경세제민'(經世濟民)의 준말이며, '오이코노미아'(οἰκονομία)는 글자 그대로 '집안 살림살이'(οἶκος)에 관한 '규범'(νόμος)으로서, "우리가 함께 사는 집인 이 세계 전체를 적절히 관리할 수 있는 기술이어야 한다"(『복음의 기쁨』206).

[46]『복음의 기쁨』53 참조.

[47] 이연학「볼품도 치장도 없이」,『사목』331(2006), 한국천주교주교회의, 70-74 참조.

고리대금업이다. 남에게 돈을 빌려주고 웃돈을 받는 일 따위를 '이자놀이'(usura,[48] 고리대금)라 하고, 그 짓을 업으로 삼는 이를 '돈놀이꾼'(foenerator, 고리대금업자)이라고 부른다. 이는 악덕 사채업자들만 일컫는 말이 아니다. 빚과 이자를 빨판 삼아 저개발국과 가난한 민중의 피를 빨아먹는 최첨단 금융자본가들을 비롯하여, 이자놀이로 돈푼이라도 챙기려는 보통내기에 이르기까지 빚과 대출로 돈벌이하는 이들은 모두 돈놀이꾼이다.

암브로시우스 교부는 돈놀이를 '칼 없는 전쟁'이라 정의한 바 있다.[49] 가계 부채가 폭증하고, 저소득층과 고령층의 가계 부채 증가율은 가계 소득 증가율을 따라잡을 길이 없다. 제2금융권과 신용카드 현금서비스나 사채 등 긴급 생활 자금 대출이 급증하고, 또 다른 빚으로 빚을 메워야 하는 빚의 수렁에 빠진 취약 계층이나 생계형 대출에 기대어 연명하는 가계가 나날이 늘어나고 있다. 실로 '추악한 부채'는 수많은 민중을 빚의 노예로 만들고 인간다운 삶을 파괴하는 가장 위험한 현대판 대량 살상 무기인 셈이다.[50]

---

48 라틴어 '우수라'(usura)는 터무니없이 높은 이자로 돈을 빌려주는 비윤리적 '고리대금'(高利貸金)을 뜻하기도 하지만, 돈을 빌려주고 '대출의 열매'(fructus foenoris)로 받는 웃돈을 통틀어 일컫기도 한다. 교부들은 현대적 의미의 고리대금은 물론, 단순한 이자 대출도 강력하게 비판했다. 라틴 교부 그리스 교부 할 것 없이 '이자'(라틴어: usura, foenus/faenus/fenus, superabundantia; 그리스어: τόκος, πλεονασμός) 자체를 무차별적으로 단죄했다. 따라서 이 책에서는 usura를 '이자'로 옮기되, 문맥에 따라 '고리대금', '돈놀이', '이자놀이' 등의 용어도 적절히 병용할 것이다. M. Giacchero, "Aspetti economici fra III e IV secolo: prestito ad interesse e commercio nel pensiero dei Padri", in *Augustinianum* 17(1977), 27 참조.

49 암브로시우스 『토빗 이야기』 14,51 참조.

50 장 지글러 「부채, 그 추악한 악성종양의 실체」, 『탐욕의 시대. 누가 세계를 더 가난하게 만드는가?』 양영란 옮김, 갈라파고스 2008, 79-114 참조.

가난한 사람들의 피눈물을 짜내는 돈놀이와 고금리 대출이 편리한 금융 서비스로 둔갑하고, 경제를 살린답시고 정부가 공공연하게 빚을 권하며, 심지어 종교마저 금융 상품으로 돈을 굴려 거룩한 기금을 조성하는 이 시대에, 이자놀이와 돈놀이를 죄악시하고 강력하게 단죄하던 교부들의 거룩한 전통과, 빚과 이자의 범죄성에 대한 어머니 교회의 가르침을 증언하고자 한다.

(1) 고대 교회와 이자 대출

땀 흘려 노동하지 않고도 돈을 굴려 수익을 얻고 부를 누리는 자본가들은 모든 문명에서 분노의 대상이었다. 가장 일반적인 대응은 이자 대출을 금지하는 것이었는데, 특히 그리스도교, 이슬람교를 비롯한 대부분의 종교 전통에서 다양한 형태로 발견된다.[51]

이자 대출을 금지하던 히브리 전통은 구약성경[52]과 랍비 문헌[53]에 분명하게 담겨 있다. 고대 그리스철학에서도 이자 대출을 가증스러운 악습으로 여겼으니, 아리스토텔레스Aristoteles(BC 384~322년)의 다음 견해가 대표적이다.

---

51 토마 피케티 『21세기 자본』 장경덕 외 옮김, 글항아리 2014, 636-638 참조.

52 탈출 18,7-8; 22,24-25; 레위 25,36-37; 신명 15,1-11; 23,20-21; 시편 15,5; 에제 18,4-9; 22,2 참조. 다만, 신명기는 동족이 아닌 이방인에게는 이자 대출을 예외적으로 허용한다(신명 23,20-21). 암브로시우스는 교부들 가운데 유일하게 이 대목에 대한 해석을 시도하는데, 이방인과 피의 전쟁을 벌이기보다는 이자를 요구함으로써 '칼 없는 전쟁'을 벌이는 게 낫다는 것이다(『토빗 이야기』 15,51 참조). 필론의 영향을 받은 알렉산드리아의 클레멘스도 신명기 전통에 따라 동족이나 그리스도교 신자들에 한해서만 이자 거래를 금지한다(『양탄자』 2,19 참조). 이자 대출의 예외적 허용 문제에 관해서는 B. Gordon, "Lending at Interest: some Jewish, Greek, and Christian Approches, 800 B.C.-A.D. 100", in *History of Political Economy* 14(1982), 409-412 참조.

재산 획득 기술에는 두 가지가 있는데, 하나는 가사 관리에 관련된 것이고 다른 하나는 상업과 관련된 것이다. 전자는 필요하고 칭찬받아 마땅하지만, 교역에 의존하는 후자는 비난받아 마땅하다. 왜냐하면 그것은 자연스러운 것이 아니고, 남의 희생을 바탕으로 이루어지기 때문이다. 그중에서도 고리대금(obolostatike)이 가장 심한 증오의 대상이 되는데, 이는 지당한 일이다. 그것은 화폐의 본래 기능인 교역 과정이 아니라, 화폐 자체에서 이득을 취하기 때문이다. 왜냐하면 화폐는 교역에 쓰라고 만들어진 것이지 이자利子(tokos)를 낳으라고 만들어진 것이 아니기 때문이다. 그리고 돈이 낳은 돈의 자식을 뜻하는 이자라는 용어가 돈의 증식에 사용되는 것은 새끼가 어미를 닮아 있기 때문이다. 그래서 모든 종류의 재산 획득 기술 가운데 고리대금이 가장 자연에 배치된다.[54]

예수님께서는 이 세상의 경제 논리와 거래 방식을 뛰어넘어 "너희가 거저 받았으니 거저 주어라"[55]라는 새로운 가르침을 주셨지만, 신약성경에서 이자 대출을 명시적으로 단죄하는 대목은 없다.[56]▶ 다만 2세기 중엽에 편집된 외경(apocrypha) 『토마 복음』에서 이자에 관한 진술을 찾을 수 있을 따름이다.[57]▶

---

53 R.P. Maloney, "Usury in Greek, Roman and Rabbinic Thought", in *Traditio* 27(1971), 79-109 참조.

54 아리스토텔레스 『정치학』 1258a38(천병희 옮김, 도서출판숲 2009, 41). 참조: 플라톤 『법률』 742c. "누구에게고 믿지 못하는 사람에게는 돈을 맡기지 말 것이며, 이자를 조건으로 돈을 빌려주지도 말 것이니, 돈을 빌린 사람은 이자도 원금도 전혀 갚지 않아도 되기 때문이다"(박동현 옮김, 서광사 2009, 386-387); 토마스 아퀴나스 『신학 대전』 II-II, q.78, a.1.

55 마태 10,8.

그러나 교부들은 준 것보다 더 받을 의도로 빌려주는 일체의 행위를 거침없이 단죄했다. 돈놀이나 고리대금이 그리스도인의 복음적 삶과 결코 조화될 수 없다고 확신했기 때문이다. 히에로니무스와 암브로시우스의 정의에 따르면 "이자란 주는 것보다 더 많이 받는 것이다".[58] 바꾸어 말해, "준 것보다 더 많이 받기를 바란다면 돈놀이꾼이다".[59] 이자 자체를 죄악시한 교부들은 이자 대출을 통상적 돈거래로 받아들이던 그 당시 사회 관행[60]에 맞서, 모든 형태의 이자놀이에 강력하게 반대했다. 고대 교회의 이런 엄격한 잣대는 이자놀이에 관한 구약 율법의 금령 수준을 훌쩍 뛰어넘는다.[61]

이자놀이의 불법성을 구체적으로 언급한 최초의 교부 문헌은 2세기 말 알렉산드리아의 클레멘스Clemens Alexandrinus(150년경~215년경)가 저술한 『양탄자』Stromata[雜錄]이다. 유다인 성경주석가이며 철학자인 필론Philon (기원전 20년경~기원후 45년경)의 큰 영향을 받은 클레멘스는 동족이나 그리

◀56 "너희가 도로 받을 가망이 있는 이들에게만 꾸어 준다면 무슨 인정을 받겠느냐? 죄인들도 고스란히 되받을 요량으로 서로 꾸어 준다"(루카 6,34)는 대목을 탐욕적 고리대금에 대한 직접적 단죄라고 보기는 어렵다는 것이 통설이다. 참조: R.P. Maloney, "The Teaching of the Fathers on Usury: An Historical Study on the Development of Christian Thinking", in *Vigliae Christianae* 27(1973), 242.

◀57 『토마 복음』 95: "너희에게 돈이 있거든 이자를 받고 꾸어 주지 말고, 되돌려 받을 수 없는 이에게 주어라"(송혜경 역주 『신약 외경. 상권: 복음서』 한님성서연구소 2009, 347).

58 히에로니무스 『시편 주해』 54,12; 암브로시우스 『열두 시편 해설』 54: "Usura est plus accipere quam dare."

59 아우구스티누스 『시편 상해』 36,6: "Si plus quam dedisti exspectas accipere, fenerator es."

60 로마제국의 대출 관행에 관해서는 J. Andreau, *Banking and Business in the Roman World*, Cambridge 1999 참조. 디오클레티아누스 황제(284~305년 재위)는 한도를 넘어 불법 이자를 받은 고리대금업자에게는 '불명예'(infamia) 형벌을 내려 법적 신분과 권리를 제한하기도 했다(『유스티니아누스 법전』 2,12,20 참조).

61 V. Grossi – A. Di Berardino, *La Chiesa antica: ecclesiologia e istituzioni*, Roma 1984, 210-212 참조.

스도인끼리 이자 거래를 해서는 안 된다고 강조한다.

> 형제에게 이자를 붙여 꾸어 주는 것을 율법이 금하고 있습니다. 형
> 제란 같은 부모에게서 태어난 사람뿐 아니라, 같은 민족, 같은 공
> 동체에 속한 사람들과 같은 로고스(말씀) 안에서 한마음인 사람들
> 을 가리킵니다.[62]

북아프리카 카르타고의 주교였던 키프리아누스Cyprianus(†258년)는 평신
도뿐 아니라 고위성직자들도 고리대금으로 막대한 이윤을 챙기던 당시
의 관행을 생생하게 증언한다.

> 모든 이가 제 재산을 늘리려고만 했다. 신자들이 사도 시대에 해
> 오던 일, 언제나 마땅히 하던 일을 잊은 채, 채울 수 없는 탐욕으로
> 자기 재산 불리는 데만 골몰했다. 그들은 욕심과 끝 모를 광기에
> 사로잡혀 있었다. 사제들의 경건한 신심은 간 데 없고, 성직자의
> 충실한 모습도, 실천적 연대와 삶의 규율도 자취를 감추었다. …
> 타인에게 표양과 격려가 되어야 할 수많은 주교들은 자기 직무를
> 수행하지 않고 거룩한 임무를 소홀히 한 채 더러운 이윤의 노예가
> 되었다. 그들은 주교좌도 버리고 자기 백성도 버렸으며, 다른 지방
> 들을 돌아다니며 이윤이 남을 장사나 하고 있었다. 교회에서는 형
> 제들이 고통스레 굶주리고 있는데 주교들은 돈을 무진장 긁어모으

---

62 알렉산드리아의 클레멘스 『양탄자』 2,19. 참조: 『교육자』 1,10.

려 했고, 사기로 기금을 훔치고, 아무런 가책 없이 고리대금으로
이윤을 늘렸다.[63]

에스파냐 지방에 한정되기는 했지만, 엘비라 교회회의(303년)는 돈놀이
하는 성직자들의 품계를 강등시키고, 그리스도교에 입교하려면 고리
대금업을 포기해야 한다는 규정을 세웠으며, 그렇지 않을 경우 교회 공
동체에서 제명키로 결정했다.[64]
  마침내, 최초의 보편 공의회인 니케아 공의회(325년)에서는 「돈놀이하
는 성직자들에 관하여」($Περὶ\ κληρικῶν\ τοκιζόντων$)라는 의안을 전체 교회
차원에서 다루었다. 이 공의회는 성경의 가르침에도 어긋날뿐더러 성
직자들의 거룩한 직무에도 전혀 어울리지 않는 고리대금업을 강력하게
금지했으며, 공의회가 끝난 다음에도 탐욕적 이자놀이나 은밀한 돈놀
이를 지속할 경우 성직을 박탈하고 제명키로 결정했다. 비록 그 대상을
성직자에 한정하기는 했지만, 아리우스 이단으로 빚어진 교회의 분열
을 매듭짓는 최초의 세계 공의회에서 고리대금을 20개 의제 가운데 하
나로 논의하고 최종 법규로 선포한 것은 커다란 사건이었다.

  많은 성직자들이 돈벌이와 탐욕을 좇느라 "이자를 받으려고 돈을
  꾸어 주지 않았다"(시편 14,5)는 성경 말씀을 잊고서 이자를 요구하
  고 있으므로, 이 법규가 반포된 다음에도 원금의 한 배 반을 요구

  63 키프리아누스 『배교자』 5-6. 참조: 윌리엄 J. 월쉬 · 존 P. 랭건 「교부들의 사회의식 – 교
  회와 가난한 사람들」, 『정의를 실천하는 신앙』 성염 옮김, 분도출판사 1980, 124-127.
  64 엘비라 교회회의(303년) 법규 20 참조. 이자놀이를 문제 삼은 그 밖의 지역 교회회의는
  아를 교회회의(314년) 법규 12; 카르타고 교회회의(348년) 법규 13 참조.

하거나 부정한 돈벌이를 위한 다른 수작을 부려 타인의 재물을 착취하거나 여타의 방식으로 이자를 받는 것이 적발되면, 성직을 박탈하고 교회 직무에서 제명하기로 이 위대하고 거룩한 공의회는 마땅히 규정하였다.[65]

4세기 말과 5세기에 접어들면서 교부들은 더 강력하게 이자놀이를 비판한다.[66] 로마제국 전체에 심각하게 퍼져 있던 고금리 대출은 민중의 삶을 황폐화하는 치명적 병폐였기 때문이다. 더군다나 탐욕적 돈놀이의 광풍에 심지어 성직자들이나 원로원 의원들까지 남녀노소를 가리지 않고 휘말려 있었다.[67]

  4,5세기를 지나 6세기에 이르기까지 주교의 일차적 의무는 가난한 사람들을 돌보는 것이라는 공감대가 세계 모든 지역에서 형성되어 있었다. 부자와 가난한 사람의 양극화 사회 안에서 상당한 영향력과 도덕적 특권을 지니게 된 주교들이 가난한 사람들을 죽음으로 내모는 고리대금의 횡포 앞에서 침묵할 수 없었던 것은 당연하다.[68]▶

---

  [65] 니케아 공의회(325년) 법규 17: A. Di Berardino (ed.), *I Canoni dei Concili della Chiesa antica. I Concili Greci*, Studia Ephemeridis Augustinianum 95, Roma 2006, 28-29.

  [66] 대 바실리우스『내 곳간들을 헐어 내리라』(강해 6);『부자에 관한 강해』(강해 7);『흉년과 가뭄 때 행한 강해』(강해 8);『하느님이 악을 만드신 분이 아닌 이유』(강해 9); 니사의 그레고리우스『고리대금업자 반박』; 나지안주스의 그레고리우스『가난한 이들에 대한 사랑』; 요한 크리소스토무스『창세기 강해』41;『코린토 1서 강해』12;『테살로니카 1서 강해』10; 암브로시우스『토빗 이야기』;『나봇 이야기』4,15;『죽음의 유익』12,56; 히에로니무스『에제키엘서 주해』18,6; 아우구스티누스『시편 상해』36;『설교집』4,9;『세례론』4,9; 대 레오『서간집』4;『설교집』17; M.G. Mara, "Usura", in *Nuovo Dizionario Patristico e di Antichità Cristiane*, vol. 3, Milano 2008², 5519-5520; A.G. Hamman, *La Vita Quotidiana nell'Africa di S. Agostino*, Milano 1989, 123-127 참조.

  [67] 아우구스티누스『시편 상해』128,6.

동방에서는 대 바실리우스Basilius Magnus(329~379년)와 니사의 그레고리우스Gregorius Nissenus(†394년), 나지안주스의 그레고리우스Gregorius Nazianzenus(329~390년), 요한 크리소스토무스Ioannes Chrisostomus(†407년)가 비판의 선봉에 섰고, 서방에서는 암브로시우스Ambrosius(340~397년)와 아우구스티누스Augustinus(354~430년)가 이 문제에 본격적으로 매달렸다.[69] 이러한 노력은 얼마 지나지 않아 로마에서도 큰 반향을 불러일으킨다.

443년 대 레오Leo Magnus(440~461년 재위)는 이자놀이에 관한 로마교회의 단호한 결정을 담은 편지를 지역 교회 주교들에게 보낸다. '우리에게 축하를'Ut nobis gratulationem이라는 문장으로 시작하는 이 편지는 캄파니아, 피케눔, 투스키아를 비롯한 이웃 지방의 주교들에게 보낸 것으로, 교부 시대를 통틀어 이자놀이에 관한 가장 영향력 있는 공식 문헌으로 평가된다. 니케아 공의회(325년)의 이자놀이 금령이 성직자에게만 국한되었다면, 이 편지에서는 성직자뿐 아니라 평신도 역시 이자로 돈벌이하거나 고리대금으로 부를 누려서는 안 된다고 결정함으로써 모든 그리스도인을 위한 보편 규범을 제시했기 때문이다.

평신도들과 성직자들의 이자놀이 금령. 우리는 더러운 수익을 얻으려는 탐욕에 사로잡힌 이들이 이자로 돈벌이하고 고리대금으로 부유해지려는 것을 간과해서도 안 된다고 생각하였습니다. 성직에

◀68 피터 브라운『고대 후기 로마제국의 가난과 리더십』서원모 · 이은혜 옮김, 태학사 2012, 97-99 참조.

69 이자놀이에 관한 교부학적 연구는 R.P. Maloney, "The Teaching of the Fathers on Usury: An Historical Study on the Development of Christian Thinking", in *Vigliae Christianae* 27(1973), 241-265; T. Moser, "The idea of usury in Patristic literature", in *The Canon in the History of Economics. Critical essays*, M. Psalidopoulos (ed.), London 2000, 24-44 참조.

세워진 이들은 말할 것도 없고, 그리스도인이라 일컬어지기를 바라는 평신도들도 그런 일에 빠져 있다는 사실이 마음 아픕니다. 우리는 죄지을 모든 기회를 멀리하기 위해, [이자놀이로] 제재받은 이들에게는 더 엄하게 대처하기로 결정하였습니다.

성직자는 자기 이름으로든 다른 사람의 이름으로든 이자놀이를 하지 말아야 한다. 우리는 성직자들 가운데 아무도 자기 이름으로든 다른 사람의 이름으로든 이자놀이를 해서는 안 된다는 것도 상기시켜야 한다고 생각하였습니다. 다른 사람의 편의를 위해 스스로 죄를 짓는 것은 합당치 않습니다. 그러나 우리가 바라고 실천해야 할 이자가 하나 있으니, 우리가 자비롭게 나누어 줌으로써 풍성하고 영원한 방식으로 갚아 주실 주님께 되돌려 받을 이자입니다.[70]

교부들의 이러한 전통은 줄기차게 이어져, 제3차 라테라노 공의회(1179년)에서 고리대금업자는 성찬례에 참석할 수도, 교회 묘지에 묻힐 수도 없도록 규정하기에 이르렀다.[71]

---

[70] 대 레오 『서간집』 4,3-4. 이자놀이를 반박하는 대 레오의 설교들에 관해서는 L. Dattrino, *I Padri della Chiesa e l'usura*, Roma 2005, 110-124 참조.

[71] 고리대금에 관한 스콜라 신학의 해석(주로 1150~1450년)은 John T. Noonan, *The Scholastic Analysis of Usury*, Cambridge 1957에 미룬다. 이자놀이를 단죄하는 교황 베네딕토 14세의 유명한 회칙 「가까스로 이르렀다」Vix pervenit(1745년)는 H. Denzinger – P. Hünermann (edd.), *Enchiridion Symbolorum*, Bologna 2000, 2546-2550을 참조하고, 그리스도인의 경제생활 원리에 관한 현대적 성찰은 교황 프란치스코 『현대 세계의 복음 선포에 관한 교황 권고. 복음의 기쁨』(2014)과 『공동의 집을 돌보는 것에 관한 회칙. 찬미받으소서』(2015); 강우일 『기억하라 연대하라』 삼인 2014; 정희완 「그리스도인의 경제생활」(『경향잡지』 1702-1713호, 한국천주교중앙협의회 2010년 1-12월)을 참고하라.

거의 모든 곳에서 이자 대출 범죄가 이토록 번성하여, 많은 이들이 다른 일들을 내팽개친 채 합법적인 양 이자놀이를 하고 있으며 구약과 신약 성경의 단죄에도 아랑곳하지 않으므로, 우리는 고리대 금업자들을 제대의 친교에 받아들여서도 안 되고, 이 죄에 빠진 채 죽을 경우 그리스도교 무덤에 묻히게 해서도 안 되며, 아무도 그들의 예물을 받지 말아야 한다고 결정한다. 그러나 예물을 받거나 고리대금업자들을 그리스도교 무덤에 인도하는 자는 자신이 받은 것을 되돌려 주어야 하고, 자기 주교가 충분하다고 판단할 때까지 자기 직무에서 물러나 정직 상태로 머물러야 한다.[72]

(2) 도둑이요 살인자인 채권자

교부들은 가난한 사람들과 나누지 않는 것 자체를 도둑질이며 살인 행위라고 가르쳤다.[73] 재화의 독점은 하느님의 질서와 자연법에 어긋난다고 보았기 때문이다. 암브로시우스는 자연의 공동소유권에 관하여 이렇게 설명한다.

생산되는 모든 것은 모든 이를 위한 공동 양식이 되고, 땅은 모두의 공동소유가 되게 하라고 하느님께서 명하셨습니다. 그러므로

---

72 제3차 라테라노 공의회(1179년) 법규 25: Giuseppe Alberigo (ed.), *Conciliorum Oecumenicorum Decreta*, Bologna 1991, 223-224. 이자의 역사에 관해서는 C.R. Geisst, *Beggar Thy Neighbor. A History of Usury and Debt*, Philadelphia 2013, 13-57, 특히 제3차 라테라노 공의회에 관해서는 35 참조.

73 대 바실리우스 『설교집』 6,8; 8,7; 암브로시우스 『나봇 이야기』 12,53; 아우구스티누스 『설교집』 50,1-4; 61,11-12; 『시편 상해』 147,12; 『나봇 이야기』(분도출판사 2012) 해제 15-16 참조.

자연은 공동 권리를 낳았지만, 독점이 사적 권리를 만들었습니다.[74]

다시 말해, "하느님은 이 땅이 모든 이의 공동소유가 되어 모든 이를 위해 그 소출을 내도록 하셨지만, 탐욕이 사유권을 만들어 냈다"[75]는 것이다. 암브로시우스는 또 이렇게 반문한다. "땅 자체가 모든 이의 공동 재산인데 그대는 어찌하여 땅의 소출을 개인의 몫이라고 여깁니까?"[76]

실제로, 교부 시대에서 현대에 이르기까지 "그리스도교 전통은 사유재산권을 절대적이고 침해할 수 없는 것이라고 인정한 적이 없으며, 모든 형태의 사유재산의 사회적 기능을 강조하였다".[77] 사유재산권이 공동 사용권에 예속된다는 그리스도교 가르침은 사도 교부 문헌인 『디다케』Didache까지 거슬러 올라간다.

궁핍한 자에게서 돌아서지 말며, 모든 것들을 네 형제와 함께 공유하고 네 것들이라고 말하지 말라. 너희가 불사하는 것을 공유하고 있으니 하물며 사멸하는 것들을 공유하는 것쯤이야.[78]

---

74 암브로시우스 『성직자의 의무』 1,132. 참조: 『나봇 이야기』 1,2.

75 암브로시우스 『시편 제118편 해설』 8,22.

76 암브로시우스 『과부』 5. 재화의 공공성을 주장하는 암브로시우스의 스토아철학적 배경에 관해서는 B. Gordon, *The Economic Problem in Biblical and Patristic Thought*, Leiden 1989, 112-120을 참조하고, 그 현대적 해석은 하승우 『공공성』 책세상 2014를 참조하라.

77 교황 프란치스코 『찬미받으소서』 93. 참조: 교황 요한 바오로 2세 『노동하는 인간』 19; 교황청 정의평화평의회 『간추린 사회 교리』 177.

78 『디다케』 4,8(정양모 역주, 교부 문헌 총서 7, 분도출판사 1993, 43).

나누는 일은 당연한 의무였다. "가난한 이들에게 필수적인 물건들을 줄 때, 우리는 그들에게 우리의 것을 선물로 베풀어 주는 것이 아니라, 그들의 것을 돌려주는 것입니다. 우리가 자비의 행위를 하는 것이 아니라, 그들의 것을 돌려주는 것입니다. 우리가 자비의 행위를 하는 것이라기보다는 정의의 의무를 수행하는 것입니다."[79]

자선 또한 정의의 의무였다. "자선을 베푸는 사람은 자신의 것을 주는 것이 아니라 하느님의 것을 주는 셈입니다."[80] "필요 이상의 것을 지니고 있다는 것은 다른 사람의 것을 소유하고 있는 것입니다."[81] "여분의 것을 주지 않는 것은 도둑질입니다."[82]

분배 정의에 관한 대 바실리우스의 감수성과 논리는 탁월하다.

> 누가 탐욕스러운 사람입니까? 충분함으로 만족하지 못하는 사람입니다. 누가 강도입니까? 모든 사람에게 속한 것을 빼앗아 가는 사람입니다. 관리하도록 주어진 것을 그대의 소유물로 여긴다면 그대는 탐욕스러운 사람이며 강도가 아닙니까? 어떤 사람이 다른 사람의 옷을 벗겨 빼앗으면 우리는 그를 도둑이라고 부릅니다. 벌거벗은 사람에게 옷을 입힐 수 있었음에도 옷을 입히지 않는 사람을 어떻게 달리 부를 수 있습니까? 그대가 움켜쥐고 있는 빵은 굶주린

---

[79] 대 그레고리우스 『사목 규칙』 3,21,45.

[80] 아우구스티누스 『설교집』 50,21.

[81] 아우구스티누스 『시편 상해』 147,12.

[82] 아우구스티누스 『설교집』 206,2. 자선에 관한 교부들의 가르침은 R.F. Finn, *Almsgiving in the Later Roman Empire. Christian Promotion and Practice(313-450)*, Oxford 2008; 하성수 「고대 교회에서 가난과 부, 그리고 사랑」, 『신앙과 삶』 12(2005), 36-59; 노성기 「자선에 대한 교부들의 가르침」, 『神學展望』 175(2011), 278-305 참조.

이의 것이며 그대의 옷장에 쌓아 둔 옷은 헐벗은 사람의 것입니다. 그대의 신발장에서 썩어 가는 신은 맨발로 다니는 사람의 것이며 그대의 금고에 숨긴 은은 빈곤한 사람의 것입니다. 따라서 그대에게 줄 것이 남아 있는 그만큼 그대는 많은 이들에게 불의를 저지른 셈입니다. 줄 수 있는 것이 남아 있는 만큼, 그대는 많은 사람에게 부당한 일을 하는 것입니다.[83]

특히, 요한 크리소스토무스는 오늘날까지 큰 반향을 불러일으키는 유명한 설교를 남겼는데, 이는 제2차 바티칸 공의회 문헌[84]에도 인용되었을뿐더러, 교황 프란치스코가 금융 전문가들과 정치 지도자들에게 깊이 묵상하도록 특별히 권고한 대목이기도 하다.[85]

자신의 재산을 가난한 이들과 나누지 않는 것은 그들의 것을 훔치는 것이며, 그들의 생명을 빼앗는 것입니다. 우리가 가진 재물은 우리의 것이 아니라, 가난한 이들의 것입니다.[86]

대 바실리우스에 따르면, 가난한 사람들을 구제할 수 있는 재력을 지니고서도 탐욕 때문에 도와주기를 미루는 이는 살인자이다.

---

83 대 바실리우스 『내 곳간들을 헐어 내리라』(강해 6) 4: 하성수 「부와 가난에 대한 바실리우스의 이해」, 『神學展望』 172(2011), 66에서 재인용. 참조: S.R. Holman, "Out of the Fitting Room: Rethinking Patristic Social Texts on 'The Common Good'", in *Reading Patristic Texts on Social Ethics*, Washington, D.C. 2011, 109.

84 제2차 바티칸 공의회 「사목 헌장」 69 참조.

85 『복음의 기쁨』 57 참조.

86 요한 크리소스토무스 『라자로에 관한 강해』 2,6.

굶주린 이들이 겪는 고통인 아사餓死는 가장 큰 인간 재앙이며, 다른 어떤 죽음보다도 더 비참한 최후입니다. … 그러나 기근饑饉은 언제나 서서히 다가오면서도, 동굴 안의 야수처럼 늘 때를 기다리고 있는 더딘 악입니다. … 이 악을 덜어 줄 능력이 있음에도 그렇게 하지 않고 대신 의도적으로 이익을 선택하는 이는 누구나 살인자로 단죄받아야 합니다.[87]

니사의 그레고리우스는 고리대금업이 강도질이나 살인 행위와 다를 바 없다고 본다.

남의 집에 몰래 침입해서 다른 사람의 재산을 빼앗거나 길 가는 행인을 살인해서 그의 재산을 차지하는 것과, 이자를 뜯어냄으로써 자기 것이 아닌 것을 취득하는 것 사이에 무슨 차이가 있습니까?[88]

요한 크리소스토무스는 한 걸음 더 나아가, 가난에 허덕이는 민중을 빚과 이자의 올가미에 옭아매는 것은 살인보다 더 흉악한 최악의 범죄라고 규정한다.

가난한 사람을 기근의 손아귀에 넘기고 그를 감방에 처넣어 기근과 고문만이 아니라 헤아릴 수 없는 고통의 노예가 되게 하는 것이 살인이 아닙니까? 어쩌면 살인보다도 훨씬 더 끔찍하다고 할 수 있

---

87 바실리우스 『흉년과 가뭄 때 행한 강해』(강해 8) 7 참조.
88 니사의 그레고리우스 『코헬렛 강해』 4.

습니다.[89]

암브로시우스는 가난한 노동자들에게 노동의 정당한 대가를 지불하지 않음으로써 그들의 생존을 위협하는 것 자체가 살인 행위라고 단언한다.

> 자기 노동으로 자신의 삶을 꾸려 가고 품삯으로 생계를 유지하는 가난한 사람을 경멸하지 마십시오. 가난한 사람의 삶에 필수적인 도움을 거절한다면, 이는 인간을 살해하는 것입니다.[90]

빚이나 가난 때문에 자녀나 가족을 경매에 넘기는 인신매매 관행은 뿌리 깊은 악습이었다. 바실리우스는 빚의 무게와 굶주림의 고통을 견디다 못해 자녀를 팔아넘겨야 하는 참담한 현실 앞에서 애끊는 부모의 심정을 생생하게 전해 준다.

> 가난한 사람은 자기 자식들을 바라보면서 그들을 시장에 데리고 나가 팔면 남은 사람들이나마 간신히 굶어죽지 않을 것이라고 생각하게 됩니다. 굶어죽는 것과 부성애 사이의 투쟁을 살펴보십시오! 굶주림은 가장 참담한 죽음으로 위협합니다. 본성은 그에게 그러지 말고 자녀들과 함께 죽을 것을 권합니다. 이 생각 저 생각 하지만 결국 그는 궁핍에 처한 냉혹한 현실을 이겨 내지 못합니다. 이제 아버지는 어떤 생각을 할까요? 어떤 아이를 먼저 팔까? 상인

---

89 요한 크리소스토무스 『로마서 강해』 2.
90 암브로시우스 『토빗 이야기』 24,92.

이 가장 만족할 녀석이 누굴까? 장남을 택할까? 하지만 녀석의 장
자권은 존중해 주어야지. 그럼 막내는 어떤가? 비참함이 뭔지도 모
르는 그의 철없는 나이가 가엾구나. 이 아이는 부모가 살아가는 의
미이고, 저 아이는 공부에 재능이 있지. 아, 어떻게 해야 할지 모르
겠구나! 어떻게 해야 하나? 그들 가운데 누구에게 등을 돌려야 하
나? 내가 인면수심人面獸心이 되어야 하나? 내가 인간의 본성을 어
떻게 잊어버린단 말인가? 그렇지만 내 그들을 모두 끌어안고 있으
면 모두가 굶어죽는 것을 보아야 할 텐데. 내가 한 아이를 팔면 무
슨 낯으로 다른 아이들을 볼 수 있을까? 아이들이 이미 나를 자식
을 팔아넘긴 자로 의심하고 있다면 말이다. 그러면 스스로 자식을
팔아넘긴 내가 어떻게 이 집에 살 수 있을까? 아이의 희생으로 얻
은 밥상에 내가 어떻게 앉아 있을 수 있을까?[91]

암브로시우스도 자신이 직접 목격한 참상을 바실리우스와 매우 흡사하
게 증언한다.

아무 가진 것 없는 가난한 사람이 빚 독촉을 받으면서 끌려가고,
권력자의 식탁에 포도주가 떨어졌다 하여 감옥에 잡혀가고, 잠시
형벌을 미루기 위해 자기 자녀를 경매에 부치는 것을 나는 내 눈으
로 보았습니다. … 자녀들 가운데 어떤 아이를 먼저 넘겨줄지 선택
해야 했을 때 아버지 마음 안에서 휘몰아쳤을 폭풍에 관하여 이제

---

91 대 바실리우스 『내 곳간들을 헐어 내리라』(강해 6) 4: 하성수 「부와 가난에 대한 바실리
우스의 이해」 64에서 재인용.

생각해 봅시다. 그는 이렇게 말합니다. "어떤 아이를 먼저 팔 것인
가. 한 녀석을 판 돈으로는 남은 아이들을 먹여 살리기에 충분하지
않다는 것을 나는 알고 있다. 나에게 유일하게 차고 넘치는 것은
근심뿐이구나! 누구를 줄 것인가? 어느 아이를 곡물상이 기꺼이 바
라볼 것인가? 장남을 건네주리라. 그러나 그 아이는 나를 처음으로
아빠라고 불렀다. 그 아이는 자식 가운데 맏이인데, 나는 당연히
장남을 자랑스러워한다. 그렇다면 막내둥이를 주리라. 그러나 나
는 그 아이를 더 부드러운 사랑으로 품어 왔다. 장남에게는 부끄럽
고, 막내에게는 가엾은 마음이 든다. 장남의 체면 때문에 한숨짓
고, 막내의 앳된 나이 때문에 탄식한다. 장남은 이미 괴로움을 느
낄 만한 나이가 되었고, 막내는 아무것도 모른다. 장남의 고통과
막내의 천진함이 나를 꺾어 버리는구나. 다른 아이들을 돌아보리
라. 저 아이는 내게 재롱을 더 부리고, 이 아이는 나를 더 존경한
다. 저 아이는 아빠를 더 닮았고, 이 아이는 더 도움이 된다. 저 아
이 안에 있는 나의 닮은꼴을 파는 것이며, 이 아이 안에 있는 내 희
망을 저버리는 셈이다. 불행한 나는 어떻게 해야 할지 알 길이 없
으며, 누구를 골라야 할지 모르겠구나. 재앙의 얼굴들과 환난의 노
랫소리가 나를 에워싸는구나."[92]

이자놀이를 가장 날카롭고 강도 높게 비판한 교부로 손꼽히는 암브로
시우스[93]▶는 키케로의 작품을 인용하여 "고리대금은 무엇인가? 그것은

---

92 암브로시우스 『나봇 이야기』 5,21-22. 참조: 『토빗 이야기』 8,29. 암브로시우스와 바실
리우스의 의존관계에 대해서는 Ambrogio di Milano, *De Nabuthae historia*, a cura di S. Pa-
lumbo, Bari 2012, 177-182 참조.

사람을 죽이는 것이다"[94]라고 단호하게 정의한다. 더 나아가, 돈놀이꾼을 가장 악랄한 인간 유형으로 못 박는다. "다른 사람들의 손실을 자신들의 벌이로 여기고, 다른 사람들이 소유한 것은 무엇이든 자신들의 상실이라 여기는 돈놀이꾼들보다 더 사악한 것은 아무것도 없습니다."[95]

아우구스티누스 역시 고리대금업을 "혐오스럽고 가증스럽고 끔찍한 범죄"[96]로 보았다. 그들의 범죄가 더 추악한 것은 "다른 이들의 눈물로 부를 늘리기 때문이다".[97]

대 바실리우스는 시편 제14편을 길게 강해하면서 타인의 불행을 돈벌이 기회로 삼는 돈놀이꾼들의 탐욕을 통렬하게 비판한다.

> 나에게 말해 보시오. 그대는 가난한 사람에게서 돈과 수익을 찾습니까? 그러나 그 사람이 그대를 더 부유하게 만들 수 있었다면 왜 그대의 문 앞에서 구걸하고 있었겠습니까? 그는 도움을 찾았건만 원수를 만났습니다. 약을 찾았지만 독毒에 빠졌습니다. 사람의 가난을 구제하는 것이 그대의 의무였건만, 그대는 거덜 난 사람의 힘마저 빼앗으려 하면서 그의 가난을 키웠습니다. 마치 환자들에게 건강을 되돌려 주어야 할 의사가 오히려 그들을 방문하여 남은 힘

◀93 R.P. Maloney, "The Teaching of the Fathers on Usury", in *Vigliae Christianae* 27(1973), 250-255 참조.

94 암브로시우스 『토빗 이야기』 14,46. 참조: 키케로 『의무론』 2,25,89. 이 대목에 관한 해설은 B. Godon, *The Economic Problem in Biblical and Patristical Thought*, Leiden 1989, 115-117 참조.

95 암브로시우스 『토빗 이야기』 6,23.

96 아우구스티누스 『시편 상해』 36,6; 71,16.

97 아우구스티누스 『설교집』 86,3. 참조: A. Di Berardino, "La défense du pauvre: saint Augustin et l'usure", in Pierre-Yves Fux (ed.), *Augustinus Afer*, Fribourg 2003, 257-262.

마저 빼앗아 버리듯, 그대도 비참한 사람들의 불행을 수익의 기회
로 삼습니다.[98]

교부들은 고리대금업자들의 비윤리적 불로소득과 부정 축재 자체도 단
죄했지만,[99] 특히 가난한 사람들의 곤경을 악랄하게 이용한 탐욕적 돈
놀이를 도둑질로, 벼랑 끝에 선 가난한 이들을 빚의 구렁텅이로 떠미는
고리대금업을 살인으로 단죄했다. 이자놀이는 고대 교회에서 대죄(pec-
catum grave)로 여기던 살인, 간음, 우상숭배의 죄악성과 전혀 다를 바 없
다는 것이 교부들의 공통된 인식이었다.

(3) 어리석은 채무자

바실리우스는 가난한 사람들이 겪는 빚의 유혹을 매우 섬세하게 묘
사한다.

> 궁지에 몰려 돈을 빌리려는 사람이 자신의 가난을 바라보면 갚을
> 길이 없어 절망하지만, 현재의 필요를 생각하면 감히 돈을 빌리게
> 됩니다.[100]

대량 실업과 불안정 고용에 시달리면서도 사회적 지원과 보장을 제대
로 받지 못하는 저소득층에게는 갖가지 현금 대출이 유일한 비상구처

---

[98] 대 바실리우스『시편 제14편 둘째 강해』1(PG 29,268).

[99]『디다케』12,1-5; 알렉산드리아의 클레멘스『교육자』3,2;『사도들의 가르침』1,4,5; 에
른스트 다스만『교회사 I』하성수 옮김, 분도출판사 2007, 377 참조.

[100] 대 바실리우스『시편 제14편 둘째 강해』1(PG 29,268B).

럼 보일 수 있겠지만, 그것은 되돌아 갈 수 없는 다리가 되기 십상이다.

> 바람 부는 바다는 종종 잦아들기도 하지만, 이자의 파도는 언제나
> 휘몰아칩니다. 난파당한 사람들을 가라앉히고, 벌거벗은 사람들을
> 토해 내며, 옷을 빼앗고, 묻히지 못한 시체들을 내버려 둡니다. 그
> 러므로 돈을 꾸어 달라고 부탁하는 것은 난파를 자초하는 일입니
> 다. 전설이 전해 주듯, 여기서는 카리브디스가 괴성을 지르며 공격
> 하고, 저기서는 쾌락의 자태와 달콤한 노랫가락으로 무장한 바다
> 마녀들이 캄캄한 바다에 끌려들어간 이들에게서 고향집으로 돌아
> 가야 할 희망과 열망을 속임수로 빼앗아 버렸습니다.[101]

친절한 대출자에서 약탈적 빚받이꾼[推尋員]으로 돌변한 고리대금업자
의 야만적 횡포에 시달리며 죽음의 공포에 사로잡힌 채 살아가는 채무
자의 비참한 현실을 암브로시우스는 이렇게 묘사한다.

> 채권자도 채무자도 둘 다 죄인입니다.[102] 우리는 채무자를 꾸짖습
> 니다. 분별없이 처신했기 때문입니다.[103]

암브로시우스는 탐욕스러운 고리대금업자와 어리석은 채무자가 뒤엉
켜 살아가는 정글 같은 현실을 다양한 비유로 꼬집는다.

---

101 암브로시우스 『토빗 이야기』 5,16.   102 암브로시우스 『토빗 이야기』 16,54.
103 암브로시우스 『토빗 이야기』 6,23.

"고리대금업자와 채무자가 서로 마주칠 때 주님께서는 둘 다에게 눈길을 주신다"(잠언 29,13). 한 사람은 마치 개처럼 사냥감을 찾아 다니고, 다른 사람은 먹잇감처럼 맹수를 피해 다닙니다. 저 사람은 사자처럼 누구를 먹어 치울지 찾아다니고, 이 사람은 송아지처럼 약탈자의 공격을 두려워합니다. 저 사람은 사냥매처럼 발톱으로 백조를 공격하러 찾아다니고, 이 사람은 마치 거위나 검둥오리처럼, 인간 몸뚱이를 지닌 사냥매를 견디느니 차라리 낭떠러지에 몸을 던지거나 심연에 빠져 버리기를 더 바랍니다. 그대는 날마다 무엇을 피해 다닙니까? 고리대금업자가 들이닥치지 않더라도, 가난이 훌륭한 달음질 선수처럼 그대에게 마주 옵니다. 주님께서는 둘 다를 보십니다. 돈놀이꾼과 채무자를 보고 계십니다. 서로 마주치는 동안 둘 다를 바라보시고, 한 사람의 죄악과 다른 사람의 불법의 증인이 되십니다. 저 사람의 탐욕과 이 사람의 어리석음을 단죄하십니다. 저 사람은 채무자의 발걸음을 하나하나 헤아리며 허물을 엿보고, 이 사람은 끊임없이 기둥들 뒤에 머리를 숨깁니다. 채무자는 아무 권리도 없습니다. 두 사람 모두 손가락을 꼽아 더 자주 이자 계산을 되풀이합니다. 관심거리는 같지만 기분은 다릅니다. 한 사람은 이자가 늘어나서 기뻐하지만, 다른 사람은 빚이 쌓여서 슬퍼합니다. 저 사람은 이득을, 이 사람은 손실을 계산합니다.[104]

---

104 암브로시우스 『토빗 이야기』 7,25.

빚에서 벗어날 길은 없는가? 교부들은 한 목소리로 빚에 기대지 않은 '안빈낙도'安貧樂道의 삶을 권고한다. 한 소쿠리 밥과 한 표주박 물[一簞食 一瓢飮][105]로도 즐거움을 잃지 않는 풍요로운 가난을 살아가자는 것이다.

"네 그릇과 네 우물의 샘에서 물을 마셔라"(잠언 5,15)라는 말씀은 나를 위해 쓰인 것이 아니던가? 물마저 가두어 버린 돈놀이꾼의 우물과 내가 무슨 상관이 있단 말인가? 다른 사람이 걱정스레 마련한 음식보다 마음 편하게 먹던 푸성귀가 더 맛깔스러웠다. 다른 사람의 것을 찾아 헤맬 필요가 없었다. 빚더미에 빠진 다음에는 나의 샘에서 해독제를 찾아야 했다. 집에는 더 작은 그릇들도 있었다. 음식이 없는 것보다 종들이 없는 편이 더 나았다. 자유를 경매에 부치기보다, 팔릴 만한 옷을 내놓는 편이 더 나았다. 내 가난을 드러내기를 부끄러워한들 무슨 유익이 있었는가? 보라, 다른 사람이 내 가난을 까발렸다. 나는 몸종들을 팔려 하지 않았다. 그러나 보라, 다른 사람이 그들을 압류했다.[106]

빚 없는 가난한 사람은 오늘도 내일도 가난할 따름이지만, 빚에 손 댄 가난한 이는 날마다 더 비참해질 수밖에 없는 까닭에[107] 바실리우스와 암브로시우스는 한 목소리로 권고한다.

---

105 『논어』 옹야 편(雍也篇) 참조.
106 암브로시우스 『토빗 이야기』 5,21.
107 대 바실리우스 『시편 제14편 둘째 강해』 2 참조.

그대는 부자입니까? 이자로 돈을 받지 마십시오. 그대는 가난합니까? 이자로 돈을 받지 마십시오. 그대가 부유하다면 그대에게는 이자가 필요 없고, 그대가 아무것도 가지고 있지 않다면 이자에 매달리지 마십시오.[108]

그대는 부자입니까? 빚을 놓지 마십시오. 그대는 가난합니까? 빚을 얻지 마십시오. 그대는 부자입니까? 청구해야 하는 어떠한 번거로움도 겪지 마십시오. 그대는 가난합니까? 갚아야 하는 어려움을 생각하십시오. 재산은 이자로 줄어들지만, 가난은 이자로 가벼워지지 않습니다. 악은 악으로 바로잡히지 않고, 상처는 상처로 낫지 않으며, 오히려 종기로 덧나는 법입니다.[109]

모든 것을 다 잃고 빈털터리가 된다 할지라도 자유로운 삶만큼은 끝까지 지켜 내야 하고, 어떤 경우에도 빚의 노예로 전락해서는 안 된다고 호소한다.

"자기 우물에서 물을 마셔라"(잠언 5,15 참조). 그 말인즉, 자기가 갖고 있는 것을 살펴보라, 남의 샘에 가지 말고 삶에 위로를 주는 것들을 자기 샘에서 스스로 모으라는 말입니다. 쇠붙이나 옷가지, 짐 나르는 가축들, 온갖 살림살이들을 갖고 있습니까? 모조리 팔아 치우십시오. 그대의 자유 말고는 모든 것을 버리십시오.[110]

---

108 대 바실리우스 『시편 제14편 둘째 강해』 3(PG 29,271-274).
109 암브로시우스 『토빗 이야기』 21,82.   110 대 바실리우스 『시편 제14편 둘째 강해』 2.

교부들은 가난하고 단순한 삶의 방식을 스스로 선택하여 소비주의에서 해방되는 것이야말로 빚의 악순환에서 벗어날 수 있는 가장 지혜롭고 현실적인 대안이라고 보았다.

> 첫 상처가 파고들었을 때 고쳤어야 했습니다. 지금 다른 사람의 부를 누리다가 나중에 제 것마저 빼앗기기보다는, 처음부터 소비를 줄이고 가산家産을 아껴서 필요한 빚을 덜어 내는 편이 더 나았습니다.[111]

"탐욕스런 아비에 방탕한 자식!"[112]이라는 말대로, 인색과 탐욕으로 벌어들인 돈은 결국 타락과 방탕의 원인이 되고 만다.

> 그대는 돈을 아끼느라 입에 빵을 대지도 못하는데, 그대의 상속자들은 모든 것을 잔치와 방탕한 생활에 탕진해 버립니다.[113]

교부들은 행여 가난한 사람들의 피눈물로 얼룩진 더러운 돈으로 주님의 식탁을 더럽힐세라, 기부를 받을 때에도 영적 분별력과 거룩한 가난의 영성을 잃지 않았다. 실제로 아우구스티누스는 강제로 빼앗은 금품, 폭리나 고리대금업의 열매, 그릇된 방식으로 획득한 돈 따위는 자선기금으로 받지 않았다.[114] 자선이 불의를 합리화할 수도 없고, 불의를 없애 줄 수도 없다고 보았기 때문이다.[115] 아우구스티누스는 근심과 해를

---

111 암브로시우스 『토빗 이야기』 5,22.
112 아우구스티누스 『설교집』 18,3. 참조: 암브로시우스 『나봇 이야기』 4,17-18.
113 아우구스티누스 『설교집』 18,3.

불러일으킬 수 있는 재산은 거절했고, 기탁금도 받지 않았다.[116] 분쟁의 여지가 남아 있는 유산도 사양했으며,[117] 배우자의 동의 없이 기부하는 돈도 거절했다.[118] 오늘날 교회가 추진 운영하고 있는 갖가지 영리사업이나 수익 사업 등에 관한 근본 성찰과 회개가 필요한 대목이다.[119] 프란치스코 교황의 이 거침없는 연설은 교부 전통에 대한 충실한 증언이며 탁월한 해석이다.

> 저는 헌금을 들고 오는 교회의 몇몇 기부자들을 생각합니다. "교회를 위한 이 헌금을 받아 주십시오." 그것은 착취당하고 학대받고 노예가 된 수많은 이들과, 열악한 대가를 받은 그들 노동의 피의 열매입니다! 저는 이들에게 이렇게 말할 것입니다. "제발, 그대의 수표를 들고 가서 태워 버리시오." 하느님 백성, 곧 교회에 더러운 돈은 필요치 않습니다. 하느님의 자비에 열린 마음이 필요합니다. 악행을 피하고 선행과 정의를 실천하는 깨끗한 손으로 하느님께 다가가는 것이 중요합니다. 예언자가 결론 내리는 길은 아름답습니다. "악행을 멈추고 선행을 배워라. 공정을 추구하고 억압받는 이를 보살펴라. 고아의 권리를 되찾아 주고 과부를 두둔해 주어라"(이사 1,16-17).[120] ▶

---

114 아우구스티누스 『설교집』 113,2 참조.
115 아우구스티누스 『설교집』 388 참조.
116 포시디우스 『아우구스티누스의 생애』 24,8-9 참조.
117 포시디우스 『아우구스티누스의 생애』 24,3 참조.
118 아우구스티누스 『서간집』 262,5 참조.
119 엄재중 「시장의 종교화, 종교의 시장화」, 『새로운 복음화와 한국천주교회』 대구가톨릭대학교대학원 2014, 77-79 참조.

(4) 선한 대출과 착한 이자

아우구스티누스는 빌려준 돈을 되돌려 받는 것은 합법적이지만, 가능하다면 빚을 탕감해 주는 편이 더 낫다고 여겼다.[121] 언젠가 하느님께서 크게 되갚아 주시리라는 믿음으로 그리하라는 것이다.

> 그대가 빚을 갚으라고 독촉할 때 울고 있는 그 불행한 사람을 평화롭게 보내 주시오. 하느님께서는 셈을 하실 때가 되면 당신께서 그 빚을 갚아 주시겠노라 말씀하십니다.[122] 은전 한 닢을 금화로 바꾸어 주겠다고 말씀하십니다.[123]

사재기와 투기 따위의 탐욕적 돈벌이에 재빠른 이들을 향해서는 그리스도 몸소 보증해 주시는 가난한 사람들에게 가장 확실한 투자를 하라고 권고한다.

> 그대는 그대가 지니고 있는 것 가운데 아무것도 잃어버리지 않기위해서 매점매석할 줄도 알고, 따로 챙겨 놓을 줄도 알며, 어떻게투기하는지도 알고, 누구에게 대출해야 하는지도 압니다. 신자인그대는, 그리스도께서 그대가 아무것도 잃어버리지 않도록 보증해주시기를 바랍니까? 그대의 재산을 그분께서 권고하시는 곳, 곧 가

◂120 교황 프란치스코 일반 알현, 2016년 3월 2일.

121 아우구스티누스 『마니교도 파우스투스 반박』 19,25 참조.

122 아우구스티누스 『설교집』 38,8.

123 아우구스티누스 『설교집』 86,5; 526.

난한 이들의 손에 쌓아 둔다면, 믿음이야말로 가장 확실한 보증이

될 것입니다.[124]

바실리우스도 되돌려 받을 생각 없이 가난한 사람에게 무상으로 나누
어 주는 선물은 주님께 꾸어 드리는 일이라고 설명한다.

> "달라고 하면 누구에게나 주고, 네 것을 가져가는 이에게서 되찾으
> 려고 하지 마라"(루카 6,30). 사람들은 "돌려받지도 못할 것을 어떻
> 게 주라는 것입니까" 하고 말합니다. 그러나 주님 말씀에 담겨 있
> 는 힘을 잘 생각해 보면, 법을 만드신 분의 선의에 고개가 숙여질
> 것입니다. 그대가 주님을 위하여 가난한 이들에게 무엇을 주면, 그
> 것은 선물이면서 대출입니다. 돌려받을 생각 없이 주니까 선물이
> 요, 가난한 자가 우리에게 받은 얼마 안 되는 것을 주님께서 그들
> 대신 크게 되갚아 주시므로 대출입니다.[125]

암브로시우스도 이자 대출이라는 '대죄'를 피하는 길은 되돌려 받지 않
을 작정으로 궁핍한 사람에게 나누어 주는 것이며, 나중에 원금이라도
되돌려 받게 된다면 그것을 뜻하지 않은 수익으로 여기라고 가르친다.

> 이자 대출의 악이 크면 클수록, 이를 피하는 사람은 더 칭송받을

---

124 아우구스티누스 『시편 상해』 38,11,12.

125 대 바실리우스 『시편 강해』 12,5: 하성수 「부와 가난에 대한 바실리우스의 이해」 69-70
에서 재인용.

만합니다. 돈을 가지고 있다면 주십시오. 그대에게 쓸모없는 것이 다른 사람에게 유익이 되게 하십시오. 다시 받지 못할 듯이 주십시오. 혹시라도 되돌려 받게 된다면 이윤으로 치십시오. 돈을 돌려주지 않는 이는 은총을 되돌려 줍니다. 그대가 돈을 떼인다면 의로움을 얻게 될 것입니다.[126]

'선한 대출자'(bonus foenerator)로서 '착한 이자'(bona usura)를 받으며 살아가는 길이 있으니, 가난한 사람들 안에 현존하시는 하느님을 알아 뵙고 그분께 꾸어 드림으로써 하느님을 영원한 채무자로 만드는 일이다.

나는 그대들이 어떻게 선한 대출자가 되고, 어떻게 착한 이자를 추구할 수 있는지 가르쳐 드리겠습니다. 솔로몬이 이렇게 말합니다. "가난한 이에게 자비를 베푸는 사람은 주님께 꾸어 드리는 이. 준 것에 따라 그에게 갚아 주시리라"(잠언 19,17 참조). 보십시오, 악한 대출에서 선한 대출이 되었습니다. 보십시오, 흠잡을 데 없는 대출자, 칭송받을 만한 이자입니다. … 여러분의 돈을 주님께 꾸어 드리되, 가난한 사람의 손에 주십시오. 그분께서 묶여 계시고 그분께서 붙들려 계십니다. 그분께서는 가난한 사람이 받은 것은 무엇이든 적어 두십니다. 복음은 그분의 채무 증서입니다. 그분께서는 가난한 모든 이들을 위해 약속하시고 보증을 서 주십니다.[127]

---

126 암브로시우스 『토빗 이야기』 2,8.
127 암브로시우스 『토빗 이야기』 16,55; 『나봇 이야기』 7,36 참조.

선한 돈놀이꾼의 돈은 채권자를 불명예스럽게 하지 않고 채무자를 억누르지 않으며, 녹슬고 좀먹을 수 없고, 지상의 보화가 아닌 영원한 보화에서 비롯하며, 받는 사람을 부자로 만들어 주고, 꾸어 주는 이에게는 아무것도 줄어들지 않게 함으로써 백분의 일이 아니라, 백배의 열매를 맺는다.[128]

암브로시우스는 고리대금업에 관한 복음적 원리를 다음과 같이 명쾌하게 요약하였는데, 오늘날에도 여전히 유효한 그리스도교 사회 교리의 핵심 원리이다.

> 되돌려 받을 가망이 없는 이들에게 꾸어 주십시오. 여기에는 어떠한 손실도 없고, 이득이 있을 따름입니다. 최소한의 것을 주면, 많은 것을 받게 될 것입니다. 지상에서 주면, 천상에서 그것을 여러분에게 갚아 주실 것입니다. 이자를 포기하면, 큰 상급을 받을 것입니다. 이자놀이를 그만두면, 지극히 높으신 분의 자녀가 될 것입니다. 여러분은 영원하신 아버지의 상속자들임을 증명할 수 있는 자비로운 사람이 될 것입니다.[129]

(5) 에필로그

21세기 금융은 티끌 모아 태산을 만드는 행복의 텃밭이 아니라, 돈 놓고 돈 먹는 거대한 도박장에 가깝다. 돈으로 돈 버는 기술이 테크놀로지

---

128 암브로시우스『토빗 이야기』 19,65; 찰스 아빌라『초대 교부들의 경제사상. 소유권』 김유준 옮김, 기독교문서선교회 2008, 115-116; 김유준「초대 교부들의 희년 사상」,『희년, 한국사회, 하나님 나라』 홍성사 2012, 177-211 참조.

129 암브로시우스『토빗 이야기』 16,54.

로 숭상되고, 돈이 돈을 낳기만 하면 모든 것이 용인되는 세상이다.

금융자본주의 시대에 이자를 문제 삼는 것 자체가 시대착오적이라 여기는 주장도 있고,[130] 이자 대출에 반대하던 교부들은 불행하게도 비논리적이었고 경제성장에 걸림돌이 되었다는 평가도 있다.[131]

그러나 빚과 이자 문제는 경제 논리를 넘어선다. 그것은 삶의 방식에 대한 근본 물음이고, 가난한 사람들의 절박한 생존 문제이며, 인간을 착취하고 노예화하는 거대한 사회 구조악의 문제이다.

공공연하게 대출을 권하는 약탈적 대출 시장에서 평범한 시민들이 신용불량자로 전락하고, 수많은 가난한 사람들이 사채·대부업·고리대금의 수렁에서 허우적거리고 있다.[132] 가난한 사람들에게 치명적인 가계 부채는 부의 불평등과 양극화를 심화할 뿐 아니라, 지속가능한 공동체 경제를 황폐화하고 있다.

경제학 박사는 아닐지라도, 가난한 사람들의 서럽고 처절한 인생살이를 섬세하게 헤아리고 따뜻하게 품어 안을 줄 알았던 진리의 박사 교부들! 빚 권하는 사회의 비도덕성과 이자놀이의 죄악성을 교부들의 쩌렁쩌렁한 목소리로 폭로하고 빚에 기대지 않는 정직한 가난을 독려하는 일은 결코 비논리적이지도 시대착오적이지도 않다. 교부들의 가르

---

130 B. Ballard, "On the Sin of Usury: A Biblical Economic Ethic", in *Christian-Scholar's Review* 24/2(1994), 210; J.R. Sutherland, "The Debate Concerning Usury in the Christian Church", in *Crux* 22(1986), 3: B.L. Ihssen, "'That which has been wrung from tears': Usury, the Greek Fathers, and Catholic Social Teaching", in J. Leemans (ed.), *Reading Patristic Texts on Social Ethics. Issues and Challenges for Twenty-First-Century Christian Social Thought*, Washington, D.C. 2011, 159에서 재인용.

131 토마 피케티『21세기 자본』장경덕 외 옮김, 글항아리 2014, 636-638 참조.

132 김순영『대출 권하는 사회』후마니타스 2011, 252-256 참조.

침은 오히려 그리스도교 경제 윤리의 핵심이며, 가톨릭 사회 교리의 복음적 원리이다.[133]

빚을 갚지 못해 가족이 동반자살하고, 빚 몇 푼 때문에 온가족이 대부업체의 빚 독촉에 시달리며 노예 취급을 당하는 비참한 현실 속에서, 가난한 채무자들의 절망적 울부짖음에 귀를 기울이고 그들을 야만적 부채의 굴레에서 해방시키는 일은, 어쩌면 우리 교회가 앞장서서 나날이 선포하고 실천해야 할 '자비의 희년'(Giubileo della Misericordia)[134]이 아닐까![135]

2014년 1월 29일, 교황 프란치스코는 「반 고리대금 국가위원회」(Consulta Nazionale Antiusura) 위원들과 만난 자리에서, 고리대금은 인간의 존엄성을 해치는 비극적 사회악이며, 돈놀이꾼에게 빚을 갚느라 끼니도 해결하지 못하는 가정이 있는 현실은 비그리스도교적이고 비인간적이라며 통탄한 바 있다.[136] 2016년 자비의 대희년을 선포한 교황 프란치스코는 일반 신자들에게 행한 교리교육에서, 이자놀이는 하느님 앞

---

133 J. Leemans – J. Verstraeten, "The (Im)possible Dialogue between Patristics and Catholic Social Thought: Limits, Possibilities, and a Way Forward", in J. Leemans (ed.), *Reading Patristic Texts on Social Ethics. Issues and Challenges for Twenty-First-Century Christian Social Thought*, Washington, D.C. 2011, 222-231; B. Matz, *Patristics and Catholic Social Thought: Hermeneutical Models for a Dialogue*, Notre Dame 2014 참조.

134 교황 프란치스코『자비의 얼굴』자비의 특별 희년 선포 칙서, 한국천주교중앙협의회 2015 참조.

135 약탈적 대출 시장에서 빚의 노예로 살아가는 채무자들의 인권을 지키고, 가난한 채무자들과 연체자들의 부실 채권을 소각하여 야만적 금융 질서에서 해방시키는 '주빌리은행'에 관해서는 제윤경「왜 '주빌리은행'이 태어났는가」,『녹색평론』145(2015년 11-12월), 96-108을 참조하고, 가난 때문에 벌금을 낼 수 없어 교도소에 갇히는 사람들에게 벌금 낼 돈을 무담보, 무이자로 빌려주는 '장발장은행'에 관해서는 오창익「새로운 상상, '장발장은행'」,『녹색평론』145(2015년 11-12월), 109-119를 참조하라.

136 교황 프란치스코 일반 알현, 2014년 1월 29일 참조.

에서 가슴을 치며 통곡하게 될 '대죄'임을 강조하면서, 연대와 평등, 정의와 자비의 삶을 이렇게 호소했다.

> 얼마나 많은 가정들이 부당한 폭리의 희생자가 되어 거리에 나앉아 있습니까. 희년에 주님께서 모든 이의 마음에서 이러한 더 가지려는 마음, 착취하려는 마음을 없애 주시도록 함께 기도합시다. 우리가 다시 너그러워지고 커질 수 있도록 기도합시다. 우리는 얼마나 많은 착취 상황들을 보아야 하며, 이로 말미암아 가정들은 얼마나 큰 고통과 괴로움을 겪습니까! 그리고 얼마나 자주, 절망에 빠진 수많은 사람들이 더 이상 버틸 수 없고 희망도 가질 수 없어 결국 자살하고 맙니까. 그들은 도움의 손길을 받지 못합니다. 그들에게 다가오는 손길은 오직 이자를 강요하는 손길뿐입니다. 고리대금업은 대죄입니다. 하느님 앞에서 통곡할 죄입니다. 대신 주님께서는 손을 내밀어 너그럽게 베푸는 이들에게 당신의 복을 약속하셨습니다(신명 15,10 참조). 그분께서는 두 배로 주실 것입니다. 아마돈이 아니라 다른 것으로 주시겠지만, 그러나 주님께서는 언제나두 배로 주실 것입니다.[137]

교황 베네딕토 16세도 "가난한 이들에게 너그럽게 나누어 주고, 절박한 형제들에게 이자 없이 꾸어 줌으로써 비참한 이들의 삶을 무력화하는 이자의 불명예에 빠지지 말라"[138]고 당부했으며, 회칙『진리 안의 사

---

137 교황 프란치스코 일반 알현, 2016년 2월 10일.
138 교황 베네딕토 16세 일반 알현, 2005년 11월 2일.

랑』(2009년)에서는 "사회의 가장 취약한 구성원들이 고리대금에서 보호
받을 수 있도록 도와주어 고리대금과 절망 때문에 생길 수 있는 착취를
막아야 한다"[139]는 사회적 가르침을 남겼다.

모름지기 그리스도인이라면, 가난한 사람들을 대상으로 고금리 대
출을 일삼는 금융업에서 개인 돈거래에 이르기까지 이자놀이가 얼마나
악랄한 범죄인지 분명히 깨달아야 하고,[140] 2000년 거룩한 전통의 기둥
인 교부들의 강력한 경고와 간절한 호소에 귀 기울여야 한다. 그리고
이 사악한 착취의 고리를 끊어 내야 한다.

아우구스티누스는 돈놀이로 먹고사는 사람들에게 새로운 직업을 선
택하라고 명령했다.[141] 다들 자기 밥벌이 수단이라 변명할 터이지만,
도둑이나 마법사나 뚜쟁이들도 똑같은 변명을 늘어놓는다는 지적도 잊
지 않았다.[142] 극단적 약육강식의 악순환과 탐욕스런 무한 경쟁의 일차
적 희생자는 가난한 사회적 약자들이지만, 결국 공멸할 수밖에 없다는
교부들의 통찰은 날카롭다.

> 그대는 가장 보잘것없는 이들의 몫을 약탈하다가 오히려 더 강한
> 자들에게 강탈당하지 않도록 조심하시오. 혹시 그대는 지금 바다
> 한가운데 있다는 사실을 잊은 겁니까? 큰 물고기가 작은 물고기를
> 먹어 치우는 것을 그대는 보지 못합니까?[143]

---

139 교황 베네딕토 16세 『진리 안의 사랑』 65.
140 Thomas Storck, "Is usrury still a sin?", in *Communio* 36(2009), 447-474 참조.
141 아우구스티누스 『시편 상해』 126 참조.   142 같은 곳 참조.
143 아우구스티누스 『시편 상해』 38,11,12. 참조: 대 바실리우스 『육일 창조에 관한 강해』 7,3.

자본주의의 차갑고 매정한 논리가 복음적 모험심을 비웃고 조롱할지라도, 시인의 마음으로 우정과 연대의 삶을 꿈꿀 수만 있다면, 그리하여 가난한 사람들이 살아온 아름답고 따뜻한 동화적 셈법을 배울 수만 있다면, 탐욕적 돈벌이와 빚의 사슬에서 벗어나 '거저 받았으니 거저 주는 삶'[144]을 살아 낼 수 있으리라 믿는다.

> 그 시절 우리 동네에선
> 따뜻한 계산법이 살아 있었네
> 자신이 농사를 지을 수 없게 되면
> 이웃에게 그 땅을 빌려주곤 했는데
> 대가는 현금도 아니고 고정률도 아니었네
>
> 풍작이 든 해엔 세 가마를 받고
> 서로 기쁨을 공유하고
> 흉작이 든 해엔 한 가마를 받아
> 서로 고통을 나눠 갖는
> 참 아름다운 셈법이었네
>
> 그것은 그 땅과 이어진 사람들끼리
> 운명을 같이하는 삶의 경제였네
> 내가 처음 배운 경제는 그렇게
> 인간의 얼굴을 한 따뜻한 경제였네

---

[144] 마태 10,8 참조.

나에게 그런 따뜻한 계산법이 아닌 것은

다 불행을 생산하는 냉혹한 돈벌이고

삶의 파탄으로 질주하는 탐욕의 열정이고

머지않아 공멸하고 말 세계일 뿐이네[145]

참고 문헌

* 교부 인명은 『교부학 인명 · 지명 용례집』(한국교부학연구회 하성수 엮음, 분도출판
사 2008), 교부 저서명은 『교부 문헌 용례집』(한국교부학연구회 노성기 · 안봉환 · 이상
규 · 이성효 · 최원오 · 하성수 엮음, 수원가톨릭대학교출판부 2014)을 따랐다.

1차 문헌
한국천주교주교회의, 『주석 성경』, 한국천주교중앙협의회 2010.

『디다케』*Didache*[정양모 역주, 교부 문헌 총서 7, 분도출판사 1993]

나지안주스의 그레고리우스, 『가난한 이들에 대한 사랑』*De pauperum amore*

니사의 그레고리우스, 『고리대금업자 반박』*Contra usurarios*

—, 『코헬렛 강해』*In Ecclesiasten homiliae*

대 그레고리우스, 『사목 규칙』*Regula pastoralis*

대 레오, 『서간집』*Epistulae*

—, 『설교집』*Sermones*

대 바실리우스, 『내 곳간들을 헐어 내리라』(강해 6)*Destruam horrea mea*

—, 『부자에 관한 강해』(강해 7)*Homilia in divites*

—, 『흉년과 가뭄 때 행한 강해』(강해 8)*Homilia dicta tempore famis et siccitatis*

—, 『하느님이 악을 만드신 분이 아닌 이유』(강해 9)*Quod Deus non est auctor malorum*

---

145 박노해 「따뜻한 계산법」, 『그러니 그대 사라지지 말아라』 느린걸음 2010, 512.

—,『시편 강해』Homiliae in psalmos

—,『시편 제14편 둘째 강해』Homilia II in psalmum XIV(=『이자놀이꾼 반박』Contra foeneratores, PG 29,263-280)

—,『육일 창조에 관한 강해』Homiliae in hexaemeron

아리스토텔레스,『정치학』Politika[천병희 옮김, 도서출판숲 2009]

아우구스티누스,『마니교도 파우스투스 반박』Contra Faustum Manichaeum

—,『보감』Speculum

—,『서간집』Epistulae

—,『설교집』Sermones

—,『세례론』De baptismo

—,『시편 상해』Ennarationes in psalmos

—,『신국론』De civitate Dei[성염 역주, 교부문헌총서 15-17, 분도출판사 2004]

—,『율리아누스 반박』Contra Iulianum

—,『죽은 이들을 위한 배려』De cura pro mortuis gerenda

알렉산드리아의 클레멘스,『교육자』Paedagogus

—,『양탄자』Stromata

암브로시우스,『과부』De viduis

—,『나봇 이야기』De Nabutae historia[최원오 역주, 교부 문헌 총서 20, 분도출판사 2012; Ambrogio di Milano, De Nabuthae historia, a cura di Stefania Palumbo, Bari 2012]

—,『서간집』Epistulae

—,『성직자의 의무』De officiis ministrorum

—,『시편 제118편 해설』Expositio psalmi CXVIII

—,『열두 시편 해설』Explanatio super psalmos XII

—,『죽음의 유익』De bono mortis

—,『토빗 이야기』De Tobia

요한 크리소스토무스,『라자로에 관한 강해』De Lazaro homiliae

—, 『로마서 강해』*In epistulam ad Romanos homilae*

—, 『창세기 강해』*Homilia in Genesim*

—, 『코린토 1시 강해』*In epistulam I ad Corinthios*

—, 『테살로니카 1서 강해』*In epistulam I ad Thessalonicenses*

키케로, 『의무론』*De officiis*[허승일 옮김, 서광사 2016²]

키프리아누스, 『배교자』*De lapsis*

토마스 아퀴나스, 『신학 대전』*Summa Theologiae*

파울리누스, 『암브로시우스의 생애』*Vita Ambrosii*

포시디우스, 『아우구스티누스의 생애』*Vita Augustini*[이연학 · 최원오 역주, 교부 문헌
총서 18, 분도출판사 2008]

플라톤, 『법률』*Nomoi*[박동현 역주, 서광사 2009]

플리니우스, 『자연사』*Naturalis historia*

히에로니무스, 『시편 주해』*Commentarioli in psalmos*

—, 『에제키엘서 주해』*Commentarii in Ezechielem*

『신약 외경. 상권: 복음서』, 송혜경 역주, 한님성서연구소 2009.

A. Di Berardino (ed.), *I Canoni dei Concili della Chiesa antica. I Concili
Greci*, Studia Ephemeridis Augustinianum 95, Roma 2006.

H. Denzinger – P. Hünermann (edd.), *Enchiridion Symbolorum*, Bologna 2000.

Giuseppe Alberigo (ed.), *Conciliorum Oecumenicorum Decreta*, Bologna 1991.

『제2차 바티칸 공의회 문헌』, 한국천주교중앙협의회, 2002.

교황청 정의평화평의회, 『간추린 사회 교리』, 한국천주교중앙협의회 2005.

요한 바오로 2세, 『노동하는 인간』*Laborem Exercens*, 인간 노동에 관한 회칙, 한
국천주교중앙협의회 2002.

베네딕토 16세, 『진리 안의 사랑』*Caritas in Veritate*, 한국천주교중앙협의회
2009.

프란치스코, 『복음의 기쁨』*Evangelii Gaudium*, 현대 세계의 복음 선포에 관한 교
황 권고, 한국천주교중앙협의회 2014.

―,『찬미받으소서』Laudato Si', 공동의 집을 돌보는 것에 관한 회칙, 한국천주교중앙협의회 2015.

―,『자비의 얼굴』Misericordiae Vultus, 자비의 특별 희년 선포 칙서, 한국천주교중앙협의회 2015.

2차 문헌

강우일,『기억하라 연대하라』, 삼인 2014.

김순영,『대출 권하는 사회』, 후마니타스 2011.

김유준,「초대 교부들의 희년 사상」,『희년, 한국사회, 하나님 나라』, 홍성사 2012, 177-211.

―,「카이사레이아의 감독 바실레이오스의 경제사상에 관한 연구」,『한국교회사학회지』30(2011), 7-34.

노성기,「자선에 대한 교부들의 가르침」,『神學展望』175(2011), 278-305.

박노해,『그러니 그대 사라지지 말아라』, 느린걸음 2010.

발터 벤야민,『역사의 개념에 대하여』, 최성만 옮김, 길 2008.

성정모,『시장, 종교, 욕망』, 홍인식 옮김, 서해문집 2014.

시드니 호머,『금리의 역사』, 이은주 옮김, 리딩리더 2011.

아달베르 함만,『교부들의 길』, 이연학 · 최원오 옮김, 성바오로 2010².

엄재중,『새로운 복음화와 한국천주교회』, 대구가톨릭대학교대학원 2014.

에른스트 다스만,『교회사 II/1』, 하성수 옮김, 분도출판사 2013.

―,『교회사 II/2』, 하성수 옮김, 분도출판사 2016.

에리히 쳉어,『구약성경 개론』, 이종한 옮김, 분도출판사 2012.

오창익,「새로운 상상, '장발장은행'」,『녹색평론』145(2015. 11-12), 109-119.

윌리엄 J. 월쉬 · 존 P. 랭건,「교부들의 사회의식 ― 교회와 가난한 사람들」,『정의를 실천하는 신앙』, 성염 옮김, 분도출판사 1980, 111-158.

이연학,「볼품도 치장도 없이」,『사목』331(2006), 한국천주교주교회의 70-74.

장 지글러,『탐욕의 시대. 누가 세계를 더 가난하게 만드는가?』, 양영란 옮김,

갈라파고스 2008.

정희완, 「그리스도인의 경제생활」, 『경향잡지』 1702-1713(2010/1-12), 한국천 주교중앙협의회.

제윤경, 『빚 권하는 사회 빚 못 갚을 권리』, 책담 2015.

―, 「왜 '주빌리은행'이 태어났는가」, 『녹색평론』 145(2015. 11-12), 96-108.

제윤경·이헌욱, 『약탈적 금융사회』, 부키 2012.

찰스 아빌라, 『초대 교부들의 경제사상. 소유권』, 김유준 옮김, 기독교문서선 교회 2008.

토마 피케티, 『21세기 자본』, 장경덕 외 옮김, 글항아리 2014.

피터 브라운, 『고대 후기 로마제국의 가난과 리더십』, 서원모·이은혜 옮김, 태학사 2012.

하성수, 「부와 가난에 대한 바실리우스의 이해」, 『神學展望』 172(2011), 58-84.

―, 「고대 교회에서 가난과 부, 그리고 사랑」, 『신앙과 삶』 12(2005), 36-59.

하승우, 『공공성』, 책세상 2014.

Andreau, J., *Banking and Business in the Roman World*, Cambridge 1999.

Andreau, J. – Drecoll, V.H., "f(a)enus, usura", in *Augustinus-Lexikon*, vol. 2, Fasc. 7/8, Basel 2003, 1225-1231.

Berardino, A. Di, "La défense du pauvre: saint Augustin et l'usure", in Pierre-Yves Fux (ed.), *Augustinus Afer*, Fribourg 2003, 257-262.

Dassmann, E., *Ambrosius von Mailand: Leben und Werk*, Stuttgart 2004.

―, "Ambrosius", in *Augustinus Lexikon*, vol. 1, Basel 1994, 270-285.

Finn, R.F., *Almsgiving in the Later Roman Empire. Christian Promotion and Practice(313-450)*, Oxford 2008.

Dattrino, L., *I Padri della Chiesa e l'usura*, Roma 2005.

Geisst, C.R., *Beggar Thy Neighbor. A History of Usury and Debt*, Phliadelphia 2013.

Giacchero, M., "Aspetti economici fra III e IV secolo: prestito ad interesse e commercio nel pensiero dei Padri", in *Augustinianum* 17(1977), 25-37.

Gordon, B., "Lending at Interest: some Jewish, Greek, and Christian Approches, 800 B.C.-A.D. 100", in *History of Political Economy* 14(1982), 406-426.

—, *The Economic Problem in Biblical and Patristic Thought*, Leiden 1989.

Grossi, V. – Berardino, A. Di, *La Chiesa antica: ecclesiologia e istituzioni*, Roma 1984.

Guido, G. – Giuseppe, M., *La disumana ricchezza. Usura: morale e pastorale*, Roma 1996.

Hamman, A.G., *La Vita Quotidiana nell'Africa di S. Agostino*, Milano 1989.

Holman, S.R., *The Hungry are Dying: Beggars and Bishops in Roman Cappadocia*, Oxford 2001.

—, "Out of the Fitting Room: Rethinking Patristic Social Texts on 'The Common Good'", in J. Leemans (ed.), *Reading Patristic Texts on Social Ethics. Issues and Challenges for Twenty-First-Century Christian Social Thought*, Washington, D.C. 2011, 103-123.

Ihssen, B.L., "Basil and Gregory's Sermons on Usury: Credit Where Credit Is Due", in *Journal of Early Christian Studies* 16(2008), 403-430.

—, "'That which has been wrung from tears': Usrury, the Greek Fathers, and Catholic Social Teaching", in J. Leemans (ed.), *Reading Patristic Texts on Social Ethics. Issues and Challenges for Twenty-First-Century Christian Social Thought*, Washington, D.C. 2011, 124-160.

Leemans, J. – Verstraeten, J., "The (Im)possible Dialogue between Patristics and Catholic Social Thought: Limits, Possibilities, and a Way Forward", in J. Leemans (ed.), *Reading Patristic Texts on Social Ethics. Issues and Challenges for Twenty-First-Century Christian Social Thought*, Washington, D.C. 2011, 222-231.

Maloney, R.P., "The Teaching of the Fathers on Usury: An Historical Study on the Development of Christian Thinking", in *Vigliae Christianae* 27 (1973), 241-265.

—, "Usury in Greek, Roman and Rabbinic Thought", in *Traditio* 27(1971), 79-109.

Mara, M.G., "Usura", in *Nuovo Dizionario Patristico e di Antichità Cristiane*, vol. 3, Milano 2006², 5519-5520.

—, "Ambrogio di Milano", in *Nuovo Dizionario Patristico di Antichità Cristiane*, Milano 2006², 229-235.

—, *Ricchezza e Povertà nel cristianesimo primitivo*, Roma 1991.

Markscheis, C., "Ambrose of Milan", *Lexikon der antiken christlichen Literatur*, Siegmar 2002.

Matz, B., *Patristics and Catholic Social Thought: Hermeneutical Models for a Dialogue*, Notre Dame 2014.

Moreschini, C., *I Padri Cappadoci. storia, lettura, teologia*, Roma 2008.

Moser, T., "The idea of usury in Patristic literature", in *The Canon in the History of Economics. Critical essays*, M. Psalidopoulos (ed.), London 2000, 24-44.

Noonan, John T., *The Scholastic Analysis of Usury*, Cambridge 1957.

Paredi, A., *Sant'Ambrogio e la sua età*, Milano 2015.

Storck, T., "Is usury still a sin?", in *Communio* 36(2009), 447-474.

Visona, G., *Cronologia Ambrosiana. Bibliografia Ambrosiana*, Roma 2004.

Wessel, S., *Leo the Great and the Spiritual Rebuilding of a Universal Rome*, Leiden 2008.

Ambrosius

DE TOBIA

✤

암브로시우스

토빗 이야기

본문

D E   T   O   B   I   A

1

1. Lecto prophetico libro, qui inscribitur Tobias, quamuis plene nobis uirtutes sancti prophetae scriptura insinuauerit, tamen conpendiario mihi sermone de eius meritis recensendis et operibus aput uos utendum arbitror, ut ea quae scriptura historico more digessit latius nos strictius conprehendamus uirtutum eius genera uelut quodam breuiario colligentes.

---

1 토빗기의 주인공 이름은 토빗(Tobis 또는 Tobias)이고 그 아들은 토비야(Tobia)이다. 『토빗 이야기』 본문에서 토빗을 Tobis(= Τωβίθ 또는 Τωβίτ)라고 표기하는 곳은 세 군데(1,1; 2,7; 24,93)이고, 다른 데서는 모두 Tobias(= Τοβίας)라고 적고 있다. 암브로시우스의 이 작품 De Tobia는 아들 토비야에 관한 이야기가 아니라, 아버지 토빗의 덕행에 관한 이야기이다.

2 여기서 암브로시우스는 토빗기를 '예언서'(liber propheticus)라고 부르고, 토빗을 '예언자'(propheta)라 일컫는다(『토빗 이야기』 2,6 참조). 이는 토빗기가 그 당시 영감 받은 책으로 받아들여졌고, 밀라노 교회 전례에서 공적으로 봉독되던 거룩한 책이었다는 중요한 증언이다. 사실, 토빗기는 예언서가 아니라 역사서로 분류되지만, 암브로시우스는 하느님의 거룩한 가르침을 가르치고 선포하는 토빗에게 예언자적 지위를 부여한다.

토   빗   이   야   기

제1장. 의로운 토빗

1. 우리는 토빗[1]이라는 제목이 붙은 예언서[2]를 봉독했고, 성경은 거룩한 예언자의 덕행을 우리에게 충분히 알려 주었지만, 그분의 덕행과 행적을 간추린 이야기로 살펴보는 것이 여러분에게 유익하리라 생각합니다. 성경은 역사적 방법[3]으로 더 폭넓게 기록하였지만, 우리는 토빗이 지닌 덕행의 종류를 초록抄錄처럼 간추려서 더 간결하게 설명할 것입니다.[4]

---

3 교부들의 성경 주해에는 두 가지 큰 흐름이 있었다. 알렉산드리아는 성경의 우의적 · 상징적 의미를 중시했고, 안티오키아는 성경의 역사적 · 문자적 의미를 강조했다. 신 · 구약 성경과 외경에 관한 교부들의 성경 주해 전통은 한국교부학연구회 『교부들의 성경 주해』 분도출판사 2008~(전 29권) 참조.

4 토빗의 덕행을 간추려 소개하겠다던 암브로시우스의 본디 의도와는 달리, 『토빗 이야기』는 이자놀이와 담보대출의 죄악성을 비판하는 데 주력한다.

2. Fuit uir iustus misericors hospitalis: et hoc uirtutum choro praeditus subiit aerumnam captiuitatis, quam ferebat humiliter atque patienter, communem magis iniuriam quam priuatam dolens nec sibi uirtutum suffragia nihil profuisse deplorans, sed magis eam sibi contumeliam minorem peccatorum suorum pretio inlatam arbitratus.

3. Edictum meruit, ne quis ex filiis captiuitatis mortuum sepulturae daret: at ille interdicto non reuocabatur magis quam incitabatur, ne deserere officium pietatis mortis metu uideretur; erat enim misericordiae pretium poena mortis. Talis flagitii deprehensus reus uix tandem per amicum potuit direpto patrimonio egenus exul restitui suis.

4. Iterum in his uersabatur officiis, si quid alimenti foret, peregrinum cum quo cibum sumeret quaerens. Itaque cum fessus a sepulturae reuertisset munere, adpositis sibi edendi subsidiis misso filio quaerebat consortem conuiuii. Dum conuiua adcersitur, nuntiatis insepulti

---

5 토빗 1,2.16-18 참조.　　　　　　　　　　6 토빗 1,2-15 참조.

7 토빗 3,1-6 참조.

8 '포로의 자녀들'은 아시리아 니네베(현 이라크)에 끌려가 유배생활을 하던 이스라엘 백성을 가리킨다.

9 토빗 1,17-20 참조. 포로들의 매장을 금지한 산헤립 임금의 만행을 일컫는다. 구약성경 전통상, 무덤에 묻히지 못한 채 버려지는 것은 가장 큰 저주였고(신명 21,22-23; 1열왕 14,11; 예레 16,4; 22,19; 25,33; 에제 29,5 참조), 시신을 거두어 묻어 주는 일은 거룩한 직무였다(2사무 2,5; 집회 7,33; 38,16; 한국천주교주교회의 『주석 성경』 한국천주교중앙협의회 2010, 1165 참조). 초기 그리스도교 문헌에서는 죽은 이를 매장하는 것이 그리스도교 이웃 사랑의 중요한 임무로 자주 언급된다(아리스티데스 『호교서』 15; 테르툴리아누스 『호교론』 39,9;

2. 토빗은 의롭고, 자비롭고, 환대하는 사람이었습니다.[5] 이처럼 수많은 덕을 타고난 그는 포로생활의 고통을 겪으면서도 겸손하고 참을성 있게 견뎌 냈으며, 개인이 당하는 불의보다는 함께 겪는 불의 때문에 더 아파했습니다.[6] 쌓은 공덕이 자기에게 아무런 도움이 되지 않는다는 사실을 한탄하지 않고, 오히려 그에게 닥친 일이 자기 죗값에 비하면 하찮은 굴욕이라 여겼습니다.[7]

3. 포로의 자녀들[8] 가운데 죽은 이를 묻어 주어서는 안 된다는 법령[9]이 반포되자, 그는 금령에 물러서지 않고 오히려 박차를 가했습니다. 죽음이 두려워 경건의 의무를 저버리는 것처럼 보이지 않으려는 까닭이었습니다. 그러나 자비의 대가는 죽음의 벌이었습니다. 이런 패악질의 갑작스런 피해자가 된 그는 재산마저 몰수당한 가난뱅이가 되어, 친구[10]의 배려로 자기 가족에게 겨우 돌아갈 수 있었습니다.

4. 그는 이러한 직무에 다시 투신했습니다. 먹을 것이 있으면 음식을 함께 나눌 떠돌이를 찾았습니다.[11] 시신을 매장하는 일에 지쳐 돌아온 그에게 식사가 차려지면 아들을 보내어 함께 먹을 형제자매를 찾았습니다. 함께 먹을 사람들을 초대하는 동안 매장되지 못한 시신의 잔해들이 있다는 전갈을 받으면 식사를 중단했습니다. 공공장소에 얼빠진 육

『사도 전승』 40; 에른스트 다스만 『교회사 I』 하성수 옮김, 분도출판사 2007, 380 참조). 고대 그리스도교 사회에서 시신 매장이 지니는 의미에 관한 아우구스티누스의 상세한 해설은 『죽은 이들에 대한 배려』 2,3-3,5; 『신국론』 1,13 참조.

10 고위 공직자였던 조카 아키카르를 가리킨다. 토빗 1,21-22 참조.

11 토빗 2,1-8 참조.

corporis reliquiis conuiuium deserebat nec putabat pium, ut ipse cibum sumeret, cum in publico corpus iaceret exanimum.

5. Hoc illi cotidianum opus, et magnum quidem; nam si uiuentes operire nudos lex praecipit, quanto magis debemus operire defunctos! Si uiantes ad longinquiora deducere solemus, quanto magis in illam aeternam domum profectos, unde iam non reuertantur? *Ego* inquit Iob *super omnem infirmum fleui.* Quis infirmior defuncto, de quo dicit scriptura alibi *supra mortuum plora?* Ecclesiastes autem ait: Cor *sapientium in domo luctus, cor autem stultorum in domo epularum.* Nihil hoc officio praestantius, ei conferre qui tibi iam non possit reddere, uindicare a uolatilibus, uindicare a bestiis consortem naturae. Ferae hanc humanitatem defunctis corporibus detulisse produntur: homines denegabunt?

---

12 토빗 2,1-8 참조.
13 마태 25,36 참조.
14 마태 5,41 참조.
15 욥 30,25 참조.
16 집회 22,11.
17 코헬 7,4.

신이 널브러져 있는데 음식을 먹는 것은 경건치 않다고 생각했기 때문입니다.[12]

5. 이것이 그에게는 일상의 일이었고, 참으로 중대한 소임이었습니다. 살아 있는 헐벗은 이들을 덮어 주라고 율법이 명하고 있다면,[13] 죽은 이들은 얼마나 더 잘 덮어 주어야 하겠습니까! 더 먼 길을 가는 나그네들을 동행하곤 한다면,[14] 더 이상 되돌아 올 수 없는 그 영원한 집으로 가는 이들은 얼마나 더 잘 동행해 주어야 하겠습니까? 욥은 **"나는 모든 허약한 사람을 위하여 울었다"**[15]고 합니다. 성경은 다른 곳에서 **"죽은 이를 위하여 울어라"**[16]라고 하는데, 죽은 이보다 더 허약한 사람이 누구입니까? 코헬렛에서는 이렇게 말합니다. **"지혜로운 이들의 마음은 초상집에 있고 어리석은 자들의 마음은 잔칫집에 있다."**[17] 더 이상 그대에게 되돌려 줄 수 없는 사람에게 베풀어 주고, 같은 본성을 지닌 사람[18]을 새들로부터 지켜 주고, 짐승들로부터 보호하는 이 직무보다 더 고귀한 것은 아무것도 없습니다. 죽은 이의 육신에 이러한 박애를 베푼 짐승들도 있다는데, 하물며 사람들이 이를 거부하겠습니까?

---

[18] 암브로시우스는 인간이 지니고 있는 동등한 '본성'(natura)과 인류의 공동 유산인 '자연'(natura)을 종종 수사학적으로 대비시킨다. 여기서 '같은 본성을 지닌 사람'이라고 옮긴 consors naturae는 '본성의 공동 상속자'라고 직역할 수 있으며, '자연의 공동 상속자'로 번역할 수도 있다(『나봇 이야기』 1,2; 8,40; 『토빗 이야기』 14,48; 『시편 제118편 해설』 1,14; 『엘리야와 단식』 5,11; 『서간집』 63,112 참조). 모든 인간이 더불어 지니고 있는 '같은 본성'(connaturalitas)에 관한 더 자세한 연구는 Ambrogio di Milano, *De Nabuthae historia*, a cura di S. Palumbo, Bari 2012, 103-106; M. Poirier, "Consors naturae chez saint Ambroise. Copropriété de la nature ou communauté de nature?" dans *Atti del Congresso Internazionale di studi ambrosiani nel XVI centenario della elevazione di sant'Ambrogio alla cattedra episcopale*, Milano 2-7 dicembre 1974, Vita e Pensiero Pubblicazioni della Università Cattolica, Milano, vol. II, 325-335 참조.

2

6. Tam sancto fessus officio propheta dum requiescit in cubiculo suo, cadenti de passerum nido albugine caecitatem incidit. Nec conquestus ingemuit nec dixit: «Haec merces laborum meorum?» Fraudari se magis doluit obsequiorum quam oculorum munere nec caecitatem poenam, sed inpedimentum putabat. Et cum uictum mercede leuaret coniugis, ne quid furtiuum domum suam intraret cauebat. Vxor haedum pro mercede acceperat; at ille plus honestati quam pietati consulens cui suam debebat alimoniam fidem non deferebat. Pecuniam conmendauerat proximo suo, quam toto uitae suae spatio in tanta indigentia non poposcit. Vix ubi se fessum uidit et depositum senectute, insinuauit filio non tam cupiens conmendatum reposcere quam sollicitus ne fraudaret heredem.

7. Quod igitur conmendauit pecuniam et non faenerauit, iusti seruauit officium; malum est enim faenus, quo quaerentur usurae. Sed non

---

19 암브로시우스는 토빗기를 '예언서'(liber propheticus)라고 부르고, 토빗을 '예언자'(propheta)라 일컫는다. 『토빗 이야기』 1,1의 각주 참조.

20 토빗 2,9-10 참조.

21 육체의 병이나 기능 상실을 벌이나 저주로 여기지 않고 '장애'(impedimentum)로 여기는 획기적 사고다.

22 토빗 2,11-14 참조.

23 이 이웃의 이름은 가브리의 아들 가바엘이며(토빗 4,20 참조), 토빗의 친족이다(토빗 6,11 참조).

제2장. 이자놀이는 악

6. 예언자[19]는 이 거룩한 식무에 지쳐 자기 침실에서 쉬고 있는 동안, 참새 둥지에서 떨어진 똥에 시력을 잃게 되었습니다.[20] 그는 원망하며 탄식하지도 않았고, "이것이 내 수고의 대가代價란 말인가?"라고 말하지도 않았습니다. 눈의 기능을 상실한 것보다, 봉사 직무를 수행할 수 없게 된 것을 더 아파했습니다. 그는 시력 상실을 벌이 아니라, 장애라고 여겼습니다.[21] 아내의 품삯으로 생계를 꾸리게 되었을 때, 그는 훔친 물건이 자기 집에 들어오지 못하도록 주의를 기울였습니다.[22] 아내가 품삯으로 새끼 염소 한 마리를 받았을 때에도, 자기 밥벌이를 신세 진 사람의 인정人情보다는 정직함에 더 마음을 쓴 그는, 신념을 저버리지 않았습니다. 자기 이웃[23]에게 돈을 빌려주고는, 자신은 한평생 지독한 가난 속에 살면서도 돈을 요구하지 않았습니다. 노쇠하고 연로하여 회생 가망이 없는 자신을 보고서야 비로소 아들에게 넌지시 알려 주었을 따름입니다. 빌려준 것을 받아 낼 욕심이라기보다, 그 사람이 상속자[24]를 속일세라 염려했기 때문입니다.

7. 그는 돈을 빌려주었지만 이자놀이를 하지 않았기 때문에 의로운 사람의 의무를 지켰습니다. 이자 대출은 죄악입니다. 그러나 **"이웃이 궁핍할 때 네 이웃에게 꾸어 주어라"**[25]라고 쓰여 있는 대출은 악하지 않습니다. 다윗도 **"의로운 이는 자비를 베풀고 빌려준다"**[26]고 말하기

---

24 토빗의 상속자인 토비야를 가리킨다.

25 집회 29,2 참조.   26 시편 37,26; 112,5 참조.

illud faenus malum, de quo scriptum est: *Faenera proximo tuo in tempore necessitatis illius.* Nam et Dauid ait: *Iustus miseretur et commodat.* Aliud illud faenus est iure exsecrabile, dare in usuram pecuniam, quod lex prohibet. Sed Tobis hoc refugiebat, qui monebat filium, ne praeceptum domini praeteriret, ut ex substantia sua elemosynam faceret, non pecuniam faeneraret, non auerteret faciem suam ab ullo paupere. Haec qui monet condemnat usuras faenoris, ex quo multi quaestum fecerunt et multis commodare pecuniam negotiatio fuit. Et quidem eam prohibuere sancti.

8. Quo grauius malum faenus est, eo laudabilior qui illud refugit. Da pecuniam, si habes: prosit alii quae tibi est otiosa. Da quasi non recepturus, ut lucro cedat, si reddita fuerit. Qui non reddit pecuniam reddit gratiam. Si fraudaris pecunia, adquiris iustitiam; iustus est enim *qui miseretur et commodat.* Si amittitur pecunia, comparatur misericordia; scriptum est enim: *Qui facit misericordiam faenerat proximo.*

---

27 신명 23,19; 에제 22,12; 예레 9,6; 시편 55,12; 마태 5,42 참조.

28 토빗 4,7-10 참조.

29 암브로시우스 『서간집』 19,4 참조.

때문입니다. 당연히 가증스러운 다른 대출이 있으니, 이자를 붙여 돈을 꾸어 주는 것인데, 이는 율법이 금하고 있습니다.[27] 그러나 토빗은 이런 일을 피했습니다. 그는 아들에게 주님의 계명을 소홀히 하지 말고, 자기 재산으로 자선을 베풀며, 이자를 붙여 돈을 꾸어 주지 말고, 어떤 가난한 이도 외면하지 말라고 권고했기 때문입니다.[28] 이렇게 권고하는 그는 대출 이자를 단죄합니다. 사실 많은 이들이 이자놀이로 이윤을 챙겼고, 많은 이들에게는 돈 빌려주는 일이 사업이 되었습니다. 그러나 거룩한 이들은 이런 일을 금지했습니다.

8. 이자 대출의 악이 크면 클수록, 이를 피하는 사람은 더 칭송받을 만합니다. 돈을 가지고 있다면 주십시오. 그대에게 쓸모없는 것이 다른 사람에게 유익이 되게 하십시오. 다시 받지 못할 듯이 주십시오. 혹시라도 되돌려 받게 된다면 이윤으로 치십시오.[29] 돈을 돌려주지 않는 이는 은총을 되돌려 줍니다. 그대가 돈을 떼인다면 의로움을 얻게 될 것입니다. **"자비를 베풀고 꾸어 주는 사람"**[30]은 의롭습니다. 돈을 잃어버리면 자비가 생깁니다. 그래서 이렇게 쓰여 있습니다. **"자비를 베푸는 사람은 이웃에게 꾸어 준다."**[31]

---

30 시편 112,5 참조.

31 집회 29,1.

3

9. Multi dispendii metu non faenerant, dum fraudem uerentur, et hoc est quod petentibus consueuerunt referre. Horum unicuique dicitur: *Perde pecuniam propter fratrem et amicum et non abscondas illam sub lapide in perditionem. Pone thensaurum tuum in praeceptis altissimi, et proderit tibi magis quam aurum.* Sed obsurduerunt aures hominum ad tam salutaria praecepta et maxime diuites aere illo pecuniae suae aures clausas habent. Dum pecuniam numerant, responsa non audiunt. Simul ut aliqui necessitate constrictus aut pro suorum redemptione sollicitus, quos captiuos barbarus uendat, rogare coeperit, statim diues uultum auertit, naturam non recognoscit, humilitatem supplicis non miseratur, necessitatem non subleuat, fragilitatem communem non considerat, stat inflexibilis, resupinus, non precibus inclinatur, non lacrimis mouetur, non heiulatibus frangitur, iurans quod non habeat, immo et ipse faeneratorem requirat, ut necessitatibus subueniat suis.

---

32 집회 29,10-11 참조.

33 '동전 소리'는 이어지는 문장의 '거룩한 말씀'에 대조되는 표현이다. 암브로시우스 『시편 제118편 해설』 8,9 참조.

34 비슷한 표현이 암브로시우스의 다른 작품에도 있다. "이 가난한 사람이 그대 앞에서 탄식하고 있습니다. 그러나 탐욕은 그대 귀를 닫아 버렸고, 그대 마음은 이 비참한 현실의 참상에도 부드러워질 줄 모릅니다. 부자여, 모든 백성은 울부짖는데 그대 홀로 굽힐 줄 모르고 이런 성경 말씀도 듣지 않습니다. '형제와 친구를 위해 돈을 잃어라. 돈을 돌 밑에 숨겨서 썩는 일이 없도록 하여라'"(『나봇 이야기』 5,25).

35 『나봇 이야기』 5,21-26에는 이런 비참한 상황이 생생하게 묘사되어 있다[대 바실리우스 『내 곳간들을 헐어 내리라』(강해 6) 4 참조].

제3장. 약 대신 독을 주는 부자들

9. 많은 이들은 손실이 두려워 꾸어 주지 않습니다. 떼일까 겁나기 때문입니다. 이는 대출을 부탁하는 이들에게 흔히 하는 소리이기도 합니다. 그분께서는 이들에게 일일이 말씀하십니다. **"형제와 친구를 위해 돈을 잃어라. 돈을 돌 밑에 숨겨서 잃는 일이 없도록 하여라. 네 보화를 지극히 높으신 분의 계명 안에 두어라. 그러면 그것이 너에게 금보다 더 유익하리라."**[32] 그러나 이러한 구원의 계명에도 사람들의 귀는 먹통이 되었고, 특히 부자들은 자기 동전 소리에 귀가 먹습니다.[33] 그들은 돈만 셀 뿐 거룩한 말씀은 듣지 않습니다.[34] 절박한 사정에 내몰린 사람이나, 야만인이 노예로 팔아넘기려는 자기 가족들의 몸값을 치르기 위해 애태우는 사람이 애원하기 시작하자마자, 부자는 곧장 얼굴을 돌려 버립니다.[35] 부자는 본성을 알지 못하고, 처절한 애원에도 연민을 느끼지 못합니다. 부자는 궁핍한 이를 구제하지도 않고, 공동의 나약함[36]을 성찰하지도 않습니다. 뻣뻣하게 목에 힘을 준 채 버티고 선 그는, 간청에도 귀를 기울이지 않고, 눈물에도 감동하지 않으며, 비탄에도 측은지심을 느끼지 않고, 자기는 가진 게 없노라 맹세합니다. 아니, 자신의 필요를 채우기 위해 이자놀이를 궁리합니다. 그대는 어찌하여 그대의 완고함과 탐욕에 맹세[37]까지 덧붙입니까? 그대는 거짓 맹세

---

36 '공동의 나약함'(fragilitas communis)이란 모든 인간이 공통적으로 지니고 있는 '인간의 나약성'(fragilitas humana)뿐 아니라, 세상 재화의 허망함을 암시한다. M. Bartelink, *Fragilitas humana chez saint Ambroise*, Milano 1976, 130-142 참조.

37 '사크라멘툼'(sacramentum)은 '성사'(聖事)라는 뜻으로 널리 사용되지만, 여기서는 '맹세', '선서', '서약'이라는 뜻으로 쓰였다. 『토빗 이야기』 15,53 참조.

Quid addis duritiae et auaritiae tuae sacramentum? Non absolueris periurio, sed ligaris.

10. At ubi usurarum mentio facta fuerit aut pignoris, tunc deiecto supercilio faenerator adrisit et quem ante sibi cognitum denegabat eundem tamquam paternam amicitiam recordatus osculo suscipit, hereditariae pignus caritatis appellat, flere prohibet. «Quaeremus, inquit, domi si quid nobis pecuniae est, frangam propter te argentum paternum, quod fabrefacti est. Plurimum damni erit. Quae usurae conpensabunt pretia emblematorum? Sed pro amico dispendium non reformidabo. Cum reddideris, reficiam». Itaque antequam det, recipere festinat et qui in summa subuenire se dicit usuras exigit. «Calendis» inquit «usuras dabis, faenus interim, si non habueris unde restituas, non requiro». Ita ut semel det, frequenter exagitat et semper sibi debere efficit. Hac arte tractat uirum. Itaque prius eum chirographis ligat et adstringit uocis suae nexibus. Numeratur pecunia, addicitur libertas, absoluitur miser minore debito, maiore alligatur.

11. Talia sunt uestra, diuites, beneficia: minus datis et plus exigitis.

---

38 'pignus'의 일차적 의미는 '담보물'이지만, 암브로시우스는 이 단어를 자녀에 대한 애칭으로 사용하기도 한다. 담보물을 자식처럼 아끼는 돈놀이꾼의 이중성을 비꼬는 표현이다. 『나봇 이야기』 1,1; F. Gori, *Sancti Ambrosii Episcopi Mediolanensis Opera*(= *SAEMO*) 6, Milano-Roma 1985, 205 참조.

39 당시 로마제국에서 통용되던 월 1%(연 12%)의 금리인 켄테시마(centesima, 1/100)를 일컫는다. '백분의 일 이자'에 관한 설명은 『토빗 이야기』 7,25의 각주 참조.

에서 풀려나지 못한 채, 묶이게 될 것입니다.

10. 고리대금업자는 이자나 담보물에 관해 설명한 다음, 눈살을 찌푸리며 미소 짓습니다. 마치 아버지다운 정이 기억 속에 되살아나기라도 한 듯, 전에는 알지 못하던 사람을 입맞춤으로 맞아들이고, 혈연적 애정으로 그를 귀여운 자식(= 담보물)[38]이라 부르며 울지 말라고 다독거립니다. 그는 말하기를, "우리에게 돈 될 만한 것이 좀 있는지 집에서 찾아보세. 세공인이 만든 아버지의 은제품을 그대를 위해 쪼개겠네. 큰 손실이 있을 걸세. 얼마의 이자로 문장紋章 값을 기워 갚겠는가? 그러나 친구를 위해서라면 손실쯤은 겁내지 않겠네. 자네가 돈을 갚을 때 다시 만들면 돼." 이렇게 주기도 전에 받기를 서두르고, 도와주겠다고 말하는 자가 결국 이자를 요구합니다. 그는 이렇게 말합니다. "자네는 매달 첫날에 이자를 내야 하네.[39] 만일 당분간 대출을 상환할 돈이 없더라도 나는 아쉬워하지 않겠네." 그런데 주자마자 번질나게 독촉하고, 늘 자신에게 빚지게 만듭니다. 그는 이런 수법으로 사람을 다룹니다. 먼저 서명으로 그 사람을 옭아매고, 자신이 뱉은 말의 올가미로 동여맵니다. 돈이 계산되고, 자유가 팔려 넘어갑니다. 비참한 인간은 더 작은 빚에서는 풀려나지만, 더 큰 빚에 묶여 버립니다.

11. 부자들이여, 이따위가 그대들의 선행입니다. 그대들은 적게 주고 많이 요구합니다. 이따위가 인간애人間愛라니, 그대들은 도와줄 때조차 강탈합니다. 돈벌이를 위해서라면 그대들에게는 가난한 사람조차

Talis humanitas, ut spolietis etiam, cum subuenitis. Fecundus uobis etiam pauper ad quaestum est. Vsurarius est egenus: cogentibus uobis habet quod reddat, quod inpendat non habet. Misericordes plane uiri quem alii absoluitis uobis addicitis. Vsuras soluit qui uictu indiget. An quicquam grauius? Ille medicamentum quaerit, uos offertis uenenum: panem implorat, gladium porrigitis: libertatem obsecrat, seruitutem inrogatis: absolutionem precatur, informis laquei nodum stringitis.

4

12. Hanc praecipue iniustitiam deplorat sanctus Dauid dicens: *Vidi iniquitatem et contradictionem in ciuitate. Et non defecit* inquit *de plateis eius usura et dolus.* Itaque cum proditionem Iudae subiecerit, hoc praemisit, siue quod ultra sacrilegi inuidiam coniuratis dominicae necis faenoris crimen adcederet siue quod tantum sacrilegium satis abundeque usura faenoris ultum iret. Mali faeneratores, qui dederunt pecuniam, ut interficerent salutis auctorem, mali et isti qui dant, ut interficiant innocentem. Et iste quoque qui pecuniam acceperit ut proditor Iudas laqueo se et ipse suspendit. Ipsum quoque Iudam hoc maledicto

---

40 마태 7,9; 루카 11,9-13 참조. 41 시편 55,10-12 참조.

42 암브로시우스는 의회 원로들을 사악한 돈놀이꾼으로 본다. 그들은 예수를 넘겨받기 위해 유다에게 은전 서른 닢을 꾸어 주었다는 것이다.

43 마태 27,3-5 참조.

풍성한 돈줄입니다. 이자놀이꾼은 가난뱅이입니다. 그는 그대들의 요구대로 돌려줄 것만 가지고 있을 뿐, 쓸 것이라곤 없는 자입니다. 다른 이에게서 해방시킨 사람을 제 노예로 삼는 그대들은 참으로 자비로운 인간들입니다. 먹을 것이 필요한 사람이 이자를 갚고 있습니다. 이보다 더 사악한 짓이 어디 있겠습니까? 그 사람은 약을 찾는데 그대들은 독을 줍니다. 빵을 청하는데[40] 칼을 들이밉니다. 자유를 요구하는데 종살이를 강요합니다. 사면을 청원하는데 끔찍한 계략의 그물을 칩니다.

제4장. 범죄자로 전락한 채무자

12. 거룩한 다윗은 특히 이 불의를 통탄하면서 이렇게 말합니다. **"성 안에서 죄악과 모순을 제가 보았습니다. 이자와 속임수가 그 광장에서 떠나지 않았습니다."**[41] 유다의 배신을 암시하여 이렇게 미리 말한 것입니다. 유다는 신성모독의 질투 이외에도, 주님 살해 공모 죄에, 대출 범죄도 덩달아 저지를 것이었고, 이 어마어마한 독성瀆聖은 대출 이자로써 충분하고 넉넉하게 단죄받을 터였기 때문입니다.[42] 구원의 창조자를 살해하려고 돈을 건넨 돈놀이꾼들도 사악하고 무죄한 이를 죽이려고 돈을 건네는 이런 자들도 고약합니다. 배신자 유다처럼 돈을 받는 이런 사람도 스스로 밧줄에 목을 매게 됩니다.[43] 시편 저자는 유다 자신도 이런 저주로 단죄받아야 한다고 생각했기에, 돈놀이꾼이 그의 재산을 샅샅이 뒤지리라고 했습니다.[44] 폭군들의 강탈이나 강도들의 상

---

[44] 시편 109,11 참조.

putauit esse damnandum, ut scrutaretur faenerator eius substantiam, quia quod proscriptio tyrannorum aut latronum manus operari solet, hoc sola faeneratoris nequitia consueuit inferre. Doctiores autem ipsum faeneratori putant diabolum conparatum, qui res animae et pretiosae mentis patrimonium faenore quodam usurariae iniquitatis euertit. Sic sumptu capit, sic auro inlicit, sic reatu inuoluit, sic caput pro thensauro reposcit.

13. Quid uobis iniquius, qui nec sic capitis estis solutione contenti? Quid uobis iniquius, qui pecuniam datis et uitam obligatis et patrimonium? Accipitis aurum argentumque pro pignore et adhuc illum debitorem dicitis qui uobis plus credidit quam accepit a uobis? Vos creditores adseritis, qui amplius debeatis, uos inquam dicitis creditores, qui non homini, sed pignori credidistis. Bene faenus appellatur, quod datis: ita uile ac faeneum est.

14. Sortem dicitis quod debetur. Etenim uelut urna ferali misera sors uoluitur perituri debitoris luenda supplicio. Stant pallentes rei ad sortis

---

45 '목숨'의 직역은 '머리'(caput)이다. 암브로시우스는 "부자는 자기 식탁에 가난한 예언자의 머리를 가져오라 명하는 자"라고 한다(『나봇 이야기』 5,20 참조).

46 '채권자'(신용대출업자)를 뜻하는 라틴어 '크레디토르'(creditor)는 '믿다'라는 의미를 지닌 동사 '크레데레'(credere)에서 유래했다. 암브로시우스는 채권자(신용대출업자)란 사람을 신뢰하지 않고 돈과 담보물을 믿는 자라고 비꼰다.

47 암브로시우스는 유사한 두 단어 '이자'(faenus)와 '지푸라기'(faenum)를 수사학적으로 대비시키고 있다.

습적 약탈을, 돈놀이꾼은 사악함 하나만으로도 능숙하게 저지릅니다. 그러나 더 지혜로운 사람들은 악마 자체가 돈놀이꾼과 비슷하다고 여깁니다. 사악한 이자 대출로 영혼의 일과 고귀한 정신 자산을 파괴하기 때문입니다. 돈놀이꾼은 낭비벽으로 사로잡고, 황금으로 꼬드기며, 범죄에 끌어들여, 보화 대신 목숨[45]을 요구합니다.

13. 목숨을 걸고 갚아도 만족하지 않는 그대들보다 더 사악한 것은 무엇입니까? 돈을 주고 생명과 재산을 저당 잡는 그대들보다 더 사악한 것이 도대체 무엇입니까? 그대들은 금과 은을 담보물로 받아 챙겨 놓고도, 그대들에게서 받은 것보다 더 많이 그대들에게 맡긴 그 사람을 아직도 채무자라 부릅니까? 더 많이 빚지고도 채권자라 내세우는 그대들은, 사람이 아니라 담보물을 믿은(credere) 자들이기에 스스로를 신용대출업자(creditor)라 일컫는다고 하겠습니다.[46] 천박하고 '지푸라기 같은 것'(faeneus)이니, 그대들이 주는 것은 '대출'(faenus)이라 불려 마땅합니다.[47]

14. 그대들은 빚을 자산(sors)[48]이라 부릅니다.[49] 파멸로 치닫는 채무자가 형벌로 청산해야 하는 비참한 제비(sors)가 유골함 같은 데서 나뒹

---

48 소르스(sors)는 운명, 행운, 제비, 자산 등 다양한 뜻을 지니고 있다. 암브로시우스는 상징적 다의성(多義性)을 지닌 이 단어를 『토빗 이야기』 전체에서 수사학적으로 반복 활용한다.

49 제윤경 「빚도 자산이라더니 알고 보면 무덤이다」, 『빚 권하는 사회 빚 못 갚을 권리』 책담 2015, 88-93; 제윤경·이헌욱 「채무 노예를 만드는 약탈자들 – 빚도 자산이라는 프레임을 짜다」, 『약탈적 금융사회』 부키 2012, 123-130 참조.

euentum. Non sic trepidant de quorum damnatione sors ducitur, non sic deiecti ac suspensi pauitant de quorum captiuitate expectatur sortis euentus. Illic enim unius captiuitas, hic plurimorum addicitur. Et fortasse ideo sors, quia in euentu sunt patrimonia, quae sub hac sorte uoluuntur. Magnum et memorabile beneficium dei, Hoc specialiter ore prophetico praedicatur, quod in patres contulit, quia *ex usuris et iniquitatibus liberauit eos*. Et proprie ait: *Ex usuris liberauit eos*, quia usurae inferunt seruitutem, quasi diceret: ex seruitutis uinculo ereptos reddidit libertati.

15. Graue uocabulum debitorum. Debita peccata dicuntur, debitores quoque criminosi appellantur; sic enim et isti sicut illi de capite decernunt. Culpae tamen habent nominum suorum ut factorum diuersitatem: debita quamuis diuersae quantitatis unum habent nomen, unum onus, unum periculum. Nescit ergo quid poscat infelix qui pecuniam petit mutuam: quid accipiat ignorat.

---

50 시편 72,14 참조.

51 예컨대, 주님의 기도에서 '죄'라고 번역되는 라틴어 '데비타'(debita)의 일차적 의미는 '빚'이다.

굴고 있습니다. 채무자들은 제비의 결과를 창백한 모습으로 기다립니다. 그들은 누구를 단죄하는 제비가 뽑힐지 그리 두려워하지 않습니다. 낙심하고 넋이 나간 그들은, 제비뽑기의 결말이 누구의 종살이를 기다리고 있을지 무서워 떨지도 않습니다. 저기서 한 사람의 종살이가 결정나고, 여기서 여러 사람의 노예생활이 판가름 납니다. 운명(sors)이란 아마도 이러한 제비(sors)에 달려 있는 결말이라는 뜻이겠지요. 하느님의 은혜는 크고도 기림 직합니다. 특히 예언자의 입으로 선포된 이 말씀은 성조들 안에 마련한 것입니다. **"이자와 죄악에서 그들을 풀어 주셨기"** [50] 때문입니다. **"이자에서 그들을 풀어 주셨다"**고 적절히 말했습니다. 이자는 노예 상태로 데려가기 때문에, 종살이의 사슬에서 빼낸 그들을 자유의 몸으로 되돌려 주었다는 말인 것 같습니다.

15. 빚이라는 말마디는 무겁습니다. 빚은 죄라고 일컬어지고,[51] 채무자들도 범죄자들이라 불립니다. 채무자들도 범죄자들처럼 사형 판결을 받습니다. 범죄들은 그 행위가 다양하듯, 저마다 고유한 이름을 지니고 있습니다. 그렇지만 빚은 그 크기가 다양할지라도 한 가지 이름, 한 가지 부담, 한 가지 위험만 지니고 있습니다. 돈을 꾸어 달라고 청하는 불행한 사람은 자신이 무엇을 청하는지도 알지 못하고, 무엇을 받게 될지도 모릅니다.

5

16. Non nouit pecunia faeneratoris uno diutius loco stare solita transire per plurimos. Vno teneri nescit sacculo, uersari ac numerari expetit: usum requirit, ut adquirat usuram. Fluctus quidam est maris, non fructus. Pecunia numquam quiescit. Labitur uelut scopulo inlisa: ita gremium debitoris percutit et continuo relabitur eo, unde processit. Cum murmure uenit, cum gemitu reuertitur. Frequenter tamen placidum stat uentis mare, semper faenoris unda iactatur. Mergit naufragos, expuit nudos, uestitos exuit, insepultos relinquit. Nummum ergo petis, et naufragium suscipis. Hinc Charybdis circumstrepit, hinc Sirenes quae uoluptatis specie et canorae dulcedinis suauitate in uada caeca deductos repetendae domus, ut ferunt fabulae, spe et cupiditate fraudabant.

17. Statim uenditores unguenti et diuersarum specierum inruunt uelut canes quidam sagaci praedae uagantis odore perstricti, uenatores, piscatores, aucupes, caupones quoque miscentes mero aquam, qui no-

---

52 한바탕 휩쓸고 가는 '파도'(fluctus)와 은근히 영그는 '열매'(fructus)를 수사학적으로 대비시켜 돈의 본성을 설명하고 있다.

53 호메로스의 『오디세이아』 제12권을 암시한다.

54 카리브디스는 해면 가까이에 사는 소용돌이였다. 이 소용돌이는 하루에 세 차례씩 바닷물을 들이마셨다가 다시 뿜어냈는데, 그곳을 지나가는 배가 소용돌이에 휩쓸리면 해신(海神) 포세이돈도 손을 쓸 수 없었고, 오디세우스도 그 소용돌이에 휘말렸다가 겨우 목숨을 건졌다고 한다. 호메로스 『오디세이아』 12 참조.

제5장. 네 샘에서 물을 마셔라

16. 이자놀이꾼의 돈은 한곳에 지긋하게 머물 줄 모르고, 많은 사람을 통해 옮겨 다니는 습성을 지니고 있습니다. 한 보따리 안에 담겨 있을 줄 모르고, 쏟아져서 계산되기를 바라며, 이자(usura)를 챙기기 위해 사용(usus)될 궁리를 합니다. 바다의 파도(fluctus)일 뿐, 열매(fructus)는 아닙니다.[52] 돈은 결코 쉬는 법이 없습니다. 마치 바위를 때리고는 미끄러져 물러나듯, 채무자의 가슴을 강타하고는 왔던 곳으로 곧장 되돌아갑니다. 시끌벅적 왔다가는 탄식과 함께 돌아갑니다. 바람 부는 바다는 종종 잦아들기도 하지만, 이자의 파도는 언제나 휘몰아칩니다. 난파당한 사람들을 가라앉히고, 벌거벗은 사람들을 토해 내며, 옷을 빼앗고, 묻히지 못한 시체들을 내버려 둡니다. 그러므로 돈을 꾸어 달라고 부탁하는 것은 난파를 자초하는 일입니다. 전설[53]이 전해 주듯, 여기서는 카리브디스[54]가 괴성을 지르며 공격하고, 저기서는 쾌락의 자태와 달콤한 노랫가락으로 무장한 바다 마녀들이 캄캄한 바다에 끌려들어 간 이들에게서 고향집으로 돌아가야 할 희망과 열망을 빼앗아 버렸습니다.

17. 돌아다니는 사냥감의 냄새를 잘 맡는 개들과, 사냥꾼들과, 어부들과, 새 잡는 이들과, 포도주의 오랜 계보系譜와 원산지의 품격과 생산 일시에 관해 지껄이면서 포도주 원액에 물을 섞는[55] 술집 주인들처럼, 향수와 다양한 장신구를 파는 사람들이 곧바로 몰려듭니다. 예전에는

---

55 로마인들은 포도주 원액에 물을 섞어 마시곤 했다.

bilitatem uetusti generis et patriae, ac natalem diem uini circumsonent. Circumstantes repente parasiti quem ante solebant spernere salutant, deducunt, ad laetitiam prouocant, ad sumptum incitant dicentes: *Venite et fruamur bonis quae sunt et utamur creatura tamquam iuuentute celeriter. Vino pretioso et unguentis nos impleamus, et non praetereat nos flos temporis. Coronemus nos rosis, antequam marcescant. Nullum pratum sit, quod non pertranseat luxuria nostra: ubique relinquamus signa laetitiae, quoniam haec est pars nostra et haec est sors.* Et uere sors omnis illorum facta est, tu autem remanes exors bonorum.

18. Non talis sortis tibi scriptura monstrauit, non inter tales sortes Dauid sanctus memorat dormiendum dicens: *Si dormiatis inter medias sortes.* Nam si in medio illarum dormisses sortium, id est ueteris et noui testamenti, non te pecuniae cupiditas in uoraginem deterrimi faenoris demersisset, sed gratia spiritalis fidei tibi dedisset argentum et in speciem auri diuinae sapientiae institutione formasset. Etenim si nos unum testimonium diuinae scripturae posuimus et luxuriosum illud conuiuium declinauimus, utique potuit et iste saluari, si oraculis caelestibus inhaesisset.

---

56 지혜 2,6-9 참조.

57 시편 67,14 참조. 암브로시우스가 인용한 이 구절(si dormiatis inter medias sortes)은 전통적으로 해석하기 매우 어려운 대목 가운데 하나다. 『성경』(한국천주교주교회의)은 '가축 우

얕잡아 보던 사람을 버러지들이 갑자기 에워싸며 인사를 건네고, 데려가서 기분 좋게 부추긴 다음, 이렇게 말하면서 소비를 자극합니다. **"와서 가진 재산을 누리고, 젊었을 때 세상만사 재빨리 써 버립시다. 값비싼 포도주와 향수를 그득 채우면, 세월의 꽃이 우리를 앞질러 가지 못할 겁니다. 꽃이 지기 전에 장미 화관을 씁시다. 우리의 호화로움이 스쳐 지나가지 않는 뜰은 아무 데도 없을 것입니다. 어디에든 기쁨의 표지들을 남겨 둡시다. 이것도 우리의 몫이고 이것도 우리의 자산이기 때문입니다."**[56] 정녕 모두 그들의 자산이 되었지만, 그대는 재산을 털린 채 빈털터리로 남아 있습니다.

18. 성경이 그대에게 제시한 것은 이따위 자산(sors)이 아닙니다. 거룩한 다윗은 **"너희가 자산 가운데서 잠을 자려면"**[57]이라고 말하면서, 우리가 잠을 자야 할 곳은 이따위 자산 가운데가 아니라고 일깨워 줍니다. 그대가 이런 자산, 곧 신약성경과 구약성경 가운데 잠을 잤더라면, 돈 욕심으로 사악한 대출의 구렁텅이에 빠지지는 않았을 것입니다. 신앙의 영적 은총은 그대에게 은을 주었을 것이고, 거룩한 지혜의 가르침으로써 그대를 황금 모습으로 빚어냈을 것입니다. 성경의 한 가지 증언만 받아들이고 그 사치스러운 잔치를 거절했더라면, 분명 그 사람도 천상 말씀에 애착함으로써 구원받을 수 있었을 것입니다.

리'로, 『표준 새번역』(대한성서공회)은 '양 우리'로 옮겼지만, 여기서는 문맥상 sors를 '자산'으로 옮겼다. 『토빗 이야기』 20,76 참조.

19. Reuertamur tamen ad conuiuium, non ut eius degustemus epulas, sed cauendas aliis demonstremus. Oneratur mensa peregrinis et exquisitis cibis, adhibentur nitentes ministri magno empti pretio, sumptu maiore pascendi, bibitur in noctem, dies conuiuio clauditur, ebrietati deficit. Surgit ille uini plenus, uacuus opum, dormit in lucem, euigilans somnium putat. Etenim ut in somnis sibi uidetur subito diues ex paupere, sic etiam egenus ex diuite. Dum defluit interim pecunia, usura superfluit. Tempus minuitur, faenus augetur: thensaurus exinanitur, sors accumulatur. Paulatim conuiuae se subtrahunt, sponsores conueniunt: mane faenerator pulsat ad ianuas, queritur dies solutionis transisse praescriptos, iniuriis uigilantem adoritur, in somnis dormientem excitat. Non noctes quietae, non dies suauis est, non sol iucundus. Detrahuntur paulatim auratae ac sericae uestes et ueneunt dimidio minoris. Ponit cum lacrimis ornamenta coniux iam tristior empta carius, uendenda uilius. In auctione pueri constituuntur mensae ministri et male adsueti emptorem auertunt. Offertur pecunia creditori: «Vix» inquit «haec soluit usuram, caput debes».

---

58 암브로시우스는 절제의 교훈을 주기 위해 잔치를 예로 들곤 한다. 잔칫상에 관한 생생한 묘사는 『엘리야와 단식』 12,45-13,50 참조.

59 직역은 '자산'(資産, sors)이다. 암브로시우스에 따르면 채무자는 어리석게도 빚을 자산이라 여긴다(『토빗 이야기』 4,14; 10,36 참조).

19. 그렇지만 잔치에 돌아갑시다.[58] 그의 음식을 맛보기 위해서가 아니라, 피해야 할 음식이 무엇인지 다른 사람들에게 보여 주기 위해 되돌아 갑시다. 식탁은 맛있는 외국 음식들로 차려지고, 비싼 값에 사서 더 많은 비용으로 먹여 살려야 하는 말쑥한 시종들이 고용됩니다. 밤에는 마시고 하루를 잔치로 마감하면서 술에 취해 물러갑니다. 그는 포도주로 가득 찬 빈털터리로 일어납니다. 한낮까지 잠자고, 깨어나면서는 꿈이라 여깁니다. 꿈속에서는 가난뱅이에서 자신이 갑작스레 졸부가 된 것 같지만, 실제로는 부자에서 가난뱅이로 전락합니다. 돈이 사라져 가는 동안 이자가 흘러넘칩니다. 시간은 줄어들고 부채가 늘어납니다. 보화는 거덜 나고 빚[59]이 쌓입니다. 잔치 손님들이 슬그머니 물러가고 보증인들이 모여듭니다. 아침부터 채권자가 문을 두드리며 약정한 채무 상환일이 지났다고 투덜거립니다. 깨어 있는 사람에게는 욕설을 퍼붓고, 잠자는 사람은 깨워 버립니다. 밤도 평화롭지 않고, 낮도 평온하지 않으며, 태양도 즐겁지 않습니다. 금으로 수놓은 비단옷들을 조금씩 거두어 반값 이하에 팔아 버립니다. 이제 더 서글픈 아내는 눈물을 흘리며 장신구를 내놓으니, 더 비싸게 사서 더 값싸게 팔아야 할 형편입니다. 노예들이 식탁 시종으로 경매에 부쳐지고, 미숙한 종들은 구매자를 외면합니다. 채권자에게 돈을 건네면, 채권자는 이렇게 말합니다. "이것으로는 겨우 이자를 갚을 정도밖에 안 되지만, 자네는 아직 원금을 빚지고 있네."

20. Redit exhausto patrimonio capitis reus et imminuto faenore, accipit indutias tristiores bellicis, quasi post biduum proeliaturus. In bello enim incerta uictoria, hic certa inopia: illic se clipeo tegit, hic nudus occurrit: illic lorica pectus includit, hic carcere totus includitur: illic manus telis onerat, armat sagittis, hic aere uacuas offert uinculis adlligandas. Ducitur plerumque uterque captiuus: ille habet quem accuset aduersum belli euentum, hic praeter se quem accuset non habet. Nihil est intolerabilius ea miseria, quae excusari non potest. Acerbat conscientia pondus iniuriae.

21. Tunc secum reputat, tunc scripturas recordatur, tunc dicit: «Nonne mihi scriptum est: *Bibe aquam de tuis uasis et de puteorum tuorum fontibus?* Quid mihi cum puteo faeneratoris, ubi et aqua includitur? Suauiora erant holera cum securitate quam alieno partae epulae cum sollicitudine. Non oportuit aliena quaerere. Deinde incideram debita, de meis oportuit fontibus remedium quaerere. Erant domi uasa minutiora. Melius erat ministerium deesse quam cibum, melius uestem uenalem proponere quam libertatem addicere. Quid profuit quod publicare paupertatem meam uerecundatus sum? Ecce alius publicauit. Ego nolui nutritores uendere, ecce alius adiudicat».

---

60 잠언 5,15. 이 성경 대목에 관한 암브로시우스의 또 다른 해설은 『낙원』 3,13; 『이사악 또는 영혼』 4,24; 『야곱과 행복한 삶』 1,7,29 참조.

61 잠언 15,17; 『아브라함』 1,5,35; 『성직자의 의무』 2,21,108 참조.

62 '다른 사람의 것'(aliena)이란 빚으로 얻은 돈을 뜻한다.

20. 재산을 탕진하고도 줄어들지 않는 이자를 떠안은 채 빚쟁이가 돌아갑니다. 마치 이틀 뒤에 다시 전투를 벌여야 하는, 전쟁보다 더 슬픈 휴전을 받아들입니다. 전쟁에서는 승리가 불확실하지만, 여기서는 가난이 확실합니다. 전쟁에서는 방패로 막지만, 여기서는 알몸으로 맞섭니다. 전쟁에서는 갑옷으로 가슴을 감싸지만, 여기서는 감옥에 송두리째 갇혀 버립니다. 전쟁에서는 손으로 창을 쥐고 활로 무장하지만, 여기서는 쇠고랑을 차기 위해 돈 없는 빈손을 내밉니다. 종종 둘 다 포로로 끌려가기도 합니다. 저 사람은 전쟁의 결과를 두고 따질 누군가가 있지만, 이 사람은 자신 말고는 탓할 상대가 없습니다. 변명조차 할 수 없는 이 비극보다 더 견디기 어려운 일은 아무것도 없습니다. 양심은 불의의 무게를 더 무겁게 만드는 법입니다.

21. 그제야 스스로 반성하고, 그제야 성경을 기억하고, 그제야 말합니다. **"'네 그릇과 네 우물의 샘에서 물을 마셔라'**[60]라는 말씀은 나를 위해 쓰인 것이 아니던가? 물마저 가두어 버린 돈놀이꾼의 우물과 내가 무슨 상관이 있단 말인가? 다른 사람이 걱정스레 마련한 음식보다 마음 편하게 먹던 푸성귀가 더 맛깔스러웠다.[61] 다른 사람의 것[62]을 찾아 헤맬 필요가 없었다. 빚더미에 빠진 다음에는 나의 샘에서 해독제를 찾아야 했다. 집에는 더 작은 그릇들도 있었다. 음식이 없는 것보다 종들이 없는 편이 더 나았다. 자유를 경매에 부치기보다, 팔릴 만한 옷을 내놓는 편이 더 나았다. 내 가난을 드러내기를 부끄러워한들 무슨 유익이 있었는가? 보라, 다른 사람이 내 가난을 까발렸다. 나는 몸종들을 팔려 하지 않았다. 그러나 보라, 다른 사람이 그들을 압류했다."

22. Sera haec consideratio. Tunc decuit metuisse tuis, cum acciperes aliena: tunc decuit succurrere, cum uulnera prima proserperent. Melius fuerat in principio tenuare sumptum et necessitatem debiti rei familiaris angustiis ableuare, quam ut ad horam ditatus alienis postea exuereris et propriis.

6

23. Accusamus debitorem, quod inprudentius se gesserit, sed tamen nihil nequius faeneratoribus, qui lucra sua aliena damna arbitrantur et dispendio suo deputant quidquid ab aliis possidetur. Aucupantur heredes nouos, adulescentulos diuites explorant per suos, adiungunt se simulantes paternam atque auitam amicitiam, uolunt domesticas eorum cognoscere necessitates. Si quam causam inuenerint, accusant uerecundiam, pudorem arguunt, quod non ante de se speratum fuerit atque praesumptum; sin uero nullos laqueos alicuius necessitatis offenderint, intexunt fabulas, aiunt nobile praedium esse uenale, amplam domum, accumulant prouentus fructuum, annuos reditus exaggerant, hortantur ut coemat. Similiter faciunt pretiosas uestes, et monilia nobilia praedicantes. Neganti se habere pecuniam ingerunt suam dicentes: «Vtere ut tua; de fructibus emptae possessionis pretium multipli-

---

63 『나봇 이야기』 12,50 참조: "풍족하게 사는 사람은 저마다 자신이 더 가난하다고 여깁니다. 다른 사람들이 소유하고 있는 것은 무엇이든 자기에게 부족하다고 여기기 때문입니다."

22. 이러한 생각은 때늦었습니다. 그대가 다른 사람의 것을 받았을 때 그대 자신부터 걱정해야 했습니다. 첫 상처가 파고들었을 때 고쳤어야 했습니다. 지금 다른 사람의 부를 누리다가 나중에 제 것마저 빼앗기기보다는, 처음부터 소비를 줄이고 가산家産을 아껴서 필요한 빚을 덜어 내는 편이 더 나았습니다.

제6장. 채무자의 어리석음

23. 우리는 채무자를 꾸짖습니다. 분별없이 처신했기 때문입니다. 그러나 다른 사람들의 손실을 자신들의 벌로 여기고, 다른 사람들이 소유한 것은 무엇이든 자신들의 상실이라 여기는 돈놀이꾼들보다 더 사악한 것은 아무것도 없습니다.[63] 그들은 새로운 상속자들을 엿보고, 지인들을 통해 부유한 젊은이들을 탐색합니다. 아버지나 할아버지와 친분이 있는 체하며 다가가서는, 그들 집안에 필요한 사정을 알아내려 합니다. 그럴싸한 사연을 찾으면 소심함을 탓하고 수줍음을 나무랍니다. 진작 자기네들에게 희망과 신뢰를 걸지 않았다는 이유입니다. 그러나 필요를 느낄 만한 아무런 덫도 놓지 못하면 이야기를 꾸며 냅니다. 멋진 논밭과 드넓은 저택이 매물로 나와 있다고 떠벌립니다. 소출 수익을 부풀리고 연소득을 과장하여 매입을 권합니다. 값비싼 옷과 귀한 보석을 소개하는 이들도 비슷하게 행하는 방식입니다. 돈이 없다는 이에게 자기 돈을 건네며 이렇게 말합니다. "자네 것처럼 쓰게. 취득한 부동산 수익으로 재산을 늘려서 빚을 갚게나."

cabis, debitam reddes».

24. Praetendunt alienos fundos adulescenti, ut eum exspolient suis: tendunt retia, simul ut indagine cincta spatia fuerit ingressus, cogunt eum in retia cautionum, laqueos usurarum; petunt obligari sibi auitum praetorium, paternum sepulchrum. Praestituitur dies solutioni, dissimulatur conuentio, quando potest solutio sustineri. Vbi satis securum reddiderint, repente ingruunt et instant uehementius, causanti incumbunt dicentes: «Tu possides tua praedia, nos nostram pecuniam non habemus: aurum dedimus, lignum tenemus: tibi fructuum emolumenta procedunt, nobis nihil accrescit pecuniae. Otiosa causatio est: saltem renouetur chirographum».

7

25. Itaque dum primo adulescens nihil putat de uestibus suis aut etiam possessionibus esse uendendum aut ad haec facienda poscit dilationem, usurae adplicantur ad sortem, adcumulatur centesima. Iam suspirare incipit, iam malum suum agnoscere. Die ac nocte usuram co-

---

64 계약 관계를 적어 놓은 '서판'(書板, lignum)을 일컫는다.

65 '백분의 일'이라는 뜻의 켄테시마(centesima)는 월 1%(연 12%)의 대출금리이다. 기원전 88년에 술라(Sulla)가 정한 법정 최고 이자율 12%가 로마제국에 보편적으로 통용되었고, 기원후 325년 콘스탄티누스 황제는 이를 재확인하였다. 시드니 호머 · 리처드 실라 『금리의 역사』이은주 옮김, 리딩리더 2011, 91-109 참조.

24. 그들은 젊은이의 재산을 강탈하기 위해 다른 사람의 부동산을 그 젊은이에게 보여 줍니다. 포획 망으로 둘러싸인 공간에 들어오자마자 그물을 치고, 경매의 그물과 이자의 올가미에 그를 몰아넣습니다. 종가宗家와 선산先山을 담보물로 요구합니다. 부채 상환일이 정해집니다. 그러나 부채 상환을 요구할 수 있을 때의 법적 절차에 관해서는 모른 척합니다. 충분히 안심시킨 다음, 갑자기 달려들어 더 격렬하게 재촉하고, 사정을 설명하는 젊은이에게 이렇게 말하면서 압박합니다. "자네는 자네 부동산을 소유하고 있지만, 우리 돈은 우리가 갖고 있지 않아. 우리는 금을 주었고, 지닌 것이라곤 나무토막[64]뿐이야. 자네에게는 소출의 수익이 생기지만, 우리에게는 돈이 전혀 늘어나지 않아. 변명 따위 필요 없고, 적어도 채권이라도 갱신해야겠네."

제7장. 죽음의 미끼인 대출

25. 젊은이는 처음에는 자기 옷이나 소유물 가운데 아무것도 팔아서는 안 된다고 생각합니다. 이렇게 하려니 상환 연기 신청을 하게 됩니다. 빚에 이자가 붙고 백분의 일[65] 이자가 쌓여 갑니다. 이제야 그는 의심하기 시작하고, 비로소 자신의 잘못을 깨닫기 시작합니다. 밤낮으로 이자를 생각합니다. 무엇을 마주쳐도 채권자라고 여깁니다. 어떤 소리가 나더라도 그로서는 채권자의 목소리를 듣는 것 같습니다. 가진 것이 있다면 왜 갚지 않습니까? 가지고 있지 않다면 왜 악에 악을 더하고,

gitat, quicquid occurrerit, faeneratorem putat, quicquid crepuerit, uocem sibi uidetur faeneratoris audire. Si habes, cur non soluis? Si non habes, cur malum malo adiungis et de uulnere quaeris remedium? Cur cotidie obsidionem pateris faeneratoris, expugnationem times? Vetus sententia est: *Faeneratoris et debitoris sibi occurrentium prospectum amborum facit dominus.* Alter quasi ‹canis› praedam requirit, alter feram quasi praeda declinat: ille quasi leo quaerit quem deuoret, iste quasi bos iuuenculus praedonis impetum reformidat: ille quasi accipiter unguibus olorem quaerit inuadere, iste quasi anser aut fulica mauult se uel in praerupta deicere uel in profunda demergere quam istum humani corporis accipitrem sustinere. Quid cotidie fugis? Etsi non occurrat fanerator, occurrit tibi inopia tamquam bonus cursor. Ambos ergo uidet dominus, faeneratorem et debitorem, occurrentes sibi ambos spectat testis alterius iniquitatis, alterius iniuriae: illius auaritiam condemnat, huius stultitiam. Ille gressus debitoris singulos numerat, aucupatur deflexus: iste continuo post columnas caput obumbrat; nullam enim habet debitor auctoritatem. Ambobus in digitis usurarum repetitur saepius calculatio. Par cura, sed dispar affectus: alter laetatur incremento faenoris, alter cumulo debitionis adfligitur. ille quaestus numerat, hic aerumnas.

---

66 잠언 29,13.   67 1베드 5,8 참조.

68 여자 얼굴에 새 몸통을 지녔다는 맹금(猛禽) 아르피아(Arpia)를 떠올리게 한다. 베르길리우스 『아이네이스』 3,210 참조.

약을 상처에서 찾는 것입니까? 그대는 왜 날마다 채권자의 억압을 겪고 공격을 두려워합니까? 오래된 금언이 있습니다. **"고리대금업자와 채무자가 서로 마주칠 때 주님께서는 둘 다에게 눈길을 주신다."**[66] 한 사람은 마치 '개'처럼 사냥감을 찾아다니고, 다른 사람은 먹잇감처럼 맹수를 피해 다닙니다. 저 사람은 사자처럼 누구를 먹어 치울지 찾아다니고,[67] 이 사람은 송아지처럼 약탈자의 공격을 두려워합니다. 저 사람은 사냥매처럼 발톱으로 백조를 공격하러 찾아다니고, 이 사람은 마치 거위나 검둥오리처럼, 인간 몸뚱이를 지닌 사냥매[68]를 견디느니 차라리 낭떠러지에 몸을 던지거나 심연에 빠져 버리기를 더 바랍니다. 그대는 날마다 무엇을 피해 다닙니까? 고리대금업자가 들이닥치지 않더라도, 가난이 훌륭한 달음질 선수처럼 그대에게 마주 옵니다.[69] 주님께서는 둘 다를 보십니다. 돈놀이꾼과 채무자를 보고 계십니다. 서로 마주치는 동안 둘 다를 바라보시고, 한 사람의 죄악과 다른 사람의 불법의 증인이 되십니다. 저 사람의 탐욕과 이 사람의 어리석음을 단죄하십니다. 저 사람은 채무자의 발걸음을 하나하나 헤아리며 허물을 엿보고, 이 사람은 끊임없이 기둥들 뒤에 머리를 숨깁니다. 채무자는 아무 권리도 없습니다. 두 사람 모두 손가락을 꼽아 더 자주 이자 계산을 되풀이합니다. 관심거리는 같지만 기분은 다릅니다. 한 사람은 이자가 늘어나서 기뻐하지만, 다른 사람은 빚이 쌓여서 슬퍼합니다. 저 사람은 이득을, 이 사람은 손실을 계산합니다.

---

69 잠언 24,34 참조.

26. Quid fugis hominem, quem poteras et non timere? Quid fugis aut quousque fugies? Si quis pulsauerit nocte, faeneratorem putas: sub lectum ilico. Si quem subito intrare senseris, tu foras exsilis. Canis latrat, et cor tuum palpitat, sudor effunditur, anhelitus quatit, quaeris quid mentiaris ut faeneratorem differas, et, cum dilationem inpetraueris, gaudes. Funere tuo simulat se faenerator grauari, sed libenter inpertit: quasi uenator, qui feram cinxerit, securus est praedae. Tu oscularis caput, amplecteris genua et quasi ceruus sagittae toxico ictus paululum procedens tandem uictus ueneno procumbis aut quasi piscis, qui fuscina fuerit infixus, quocumque fugerit uulnus uehit. Et uere piscis ille in esca mortem deuorat, ille hamum gluttit, dum cibum quaerit, sed tamen hamum non uidit, quem tegit praeda: tu hamum cernis et gluttis. Hamus tuus faenus est creditoris, hamum uoras et uermis te semper adrodit. Ipsa est esca, quae decipit. Itaque et tibi faenoris nec cibus usui est et hamus uulneri. An ignoras quia semel inlaqueatus nodo se magis, si fugiat, ipse constringit et intra retia positus fugiendo magis deicit super se retia? In plateis fugis, cum intra parietes tutus esse non possis. Inuenit te, cum uoluerit, faenerator. Denique ubi tempus impleueris, sicut lupus nocte inruit, dormire non sinit, exspectato die ad publicum trahit aut tabulis uenditionis cogit suscribere. Vt fureris pu-

26. 그대는 두려워하지 않을 수도 있었던 사람을 왜 피합니까? 무엇 때문에 피하는 것이며, 언제까지 피해 다니렵니까? 누가 밤에 문을 두드리면 그대는 돈놀이꾼인 줄 알고 곧바로 침대 밑에 숨습니다. 갑자기 누가 들어오는 소리가 들리면 그대는 바깥으로 몸을 내던집니다. 개가 짖어 대고 그대의 심장이 두근거립니다. 땀이 흘러내리고 가쁜 숨에 후들거립니다. 그대는 돈놀이꾼을 떼어 내기 위해 어떤 거짓말을 할지 궁리합니다. 그러다가 상환 연장을 얻어 내면 기뻐합니다. 고리대금업자는 그대의 몰락이 안됐다는 시늉을 하지만, 마치 맹수를 포위한 다음 포획할 자신감에 찬 사냥꾼처럼 기꺼이 연장해 줍니다. 그대는 그의 머리에 입을 맞추고, 그의 무릎을 끌어안습니다. 그러고는 독화살에 맞은 사슴처럼 조금 나아가다가, 끝내 독을 이기지 못해 고꾸라지고 맙니다. 그대는 마치 작살에 찔린 물고기처럼 어디로 피해 가든 상처를 달고 다닙니다. 실제로 그 물고기는 미끼로 죽음을 먹어 치웁니다. 음식을 찾다가 낚싯바늘을 꿀꺽 삼켜 버립니다. 그러나 먹잇감이 덮고 있는 낚싯바늘은 보지 못합니다. 그대는 낚싯바늘을 보고도 삼켜 버립니다. 그대의 미끼는 채권자의 대출입니다. 그대는 낚싯바늘을 먹어 치우지만, 구더기가 늘 그대를 파먹습니다. 이것이 속아 넘어가게 하는 미끼입니다. 대출이라는 음식은 그대에게 유익하지 않고, 낚싯바늘은 상처를 냅니다. 한번 올가미에 걸린 자는 도망치려 할수록 스스로 더 조이게 되고, 그물 안에 걸린 자는 빠져나가려다가 제 위에 그물을 덧치게 된다는 사실을 그대는 모릅니까? 그대는 집 안에 안전하게 있을 수 없을 때 길거리로 도망칩니다. 돈놀이꾼은 마음만 먹으면 그대를 찾아낼 것입니다. 그대가 시간을 다 채우고 나면, 마치 늑대처럼 밤에 쳐들어와 잠자게

doris dispendium, subscribis ilico uenditurus auitum sepulchrum. Paterno sane ut praetexatur aliquid uerecundiae, emitur ieiunum solum, iactatur quod infecunda uendiderit, dispendiis onerauerit uenditorem, et superioris temporis adscribuntur dispendiis damna praesentis. Mox et laudata uenduntur et inferuntur iam non instrumenta, sed uincula.

27. Tamen adhuc quaerenti fideiussores tribuuntur indutiae, non ut praedam libertatis inueniat, sed ut consortem seruitutis adiungat, qui se societ aerumnoso. At quid iuuare potest alienae calamitatis accessio? Iam et amici fugiunt, conuiuae non recognoscunt: ipse quoque conspectus omnium refugit et ut pugil ictus uarios concertantium ita iste honestorum uitat occursus et sollicitus, ubi in aliquem offenderit, uigilanti exit obtutu. Redit paratus ad uincula, redit mortem optans, cogitans eam sibi, si moraretur, inferre. Redit misere se ipse condemnans, quod alienam pecuniam non refugerit et faeneratoris se aere deuinxerit.

---

70 직역은 '서판'(書板, tabulae)이다.

71 암브로시우스는 조상들의 무덤[先山]을 팔거나 담보로 내놓는 일을 매우 불경스럽게 여긴다. 『토빗 이야기』 6,24; 『아브라함』 1,9,80 참조.

내버려 두지 않을 것입니다. 예정된 날, 그는 그대를 대중 앞에 끌고 가거나 매매 계약서[70]에 서명하도록 강요합니다. 그대는 수치스러운 시간 낭비를 피하기 위해 곧바로 서명하여 선산을 팔기로 합니다.[71] 아버지의 자산에 대한 얼마간의 존중을 유지하기 위하여 불모지만 파는 것이라 하고, 못 쓰는 땅을 팔았노라 떠벌립니다. 토지 매각자는 비용까지 부담해야 하고, 지난 세월의 지출에 현재의 손실까지 더해집니다. 머잖아 자랑하던 땅들마저 팔리게 되면 더 이상 땅 문서가 아니라 쇠고랑을 차고 다니게 됩니다.

27. 그럼에도 아직 보증인들을 찾고 있는 채무자에게 상환 유예가 허용됩니다. 자유의 전리품을 찾기 위해서가 아니라, 불행에 동참할 종살이 동료를 엮어 내기 위해서입니다. 다른 사람의 불행을 더한들 무슨 도움이 될 수 있습니까? 이미 친구들이 피하고, 함께 밥을 먹던 이들이 모른 체합니다. 그 자신도 모든 이의 눈길을 피합니다. 권투 선수가 상대방의 수많은 주먹질을 피하듯, 이 인간은 훌륭한 사람들과 마주치는 일조차 피합니다. 걱정에 사로잡힌 그는 어떤 사람과 우연히 부딪히면 소심하게 눈치를 보면서 사라집니다. 그는 쇠고랑을 찰 준비가 되어 돌아가고, 죽기를 더 바라며 돌아가면서, 죽으면[72] 자신에게 안식을 주리라 생각합니다. 다른 사람의 돈을 피하지 않았고 이자놀이꾼의 돈으로 자신을 옭아맸다고 자책하면서 비참하게 되돌아갑니다.

---

72 일부 필사본들에는 moreretur(죽다)가 아니라 moraretur(연기하다)로 되어 있다. 우리가 사용한 고리(F. Gori)의 비판본(*SAEMO* 6)에서는 moraretur를 선택했지만, 쉥클(C. Schenkl)의 비판본은 moreretur를 택했다. 여기서는 쉥클의 비판본과 다른 현대어 번역본들(L.M. Zucker의 영어판; A. Grosso의 이탈리아어판)을 따라 '죽으면'이라고 번역했다.

28. O quantos miseros aliena fecerunt bona! *Quid tibi*, inquit, *ut bibas aquam Geon?* Quid, inquam, tibi, ut biberes calicem faeneratoris? «Multi» inquit, «mutuati ad tempus et necessitatibus consuluerunt suis et pecuniam reddiderunt». Et quanti se propter faenus strangulauerunt? Illos consideras, hos non numeras. Reminisceris euasisse aliquos, non reminisceris oppetisse: nummos redditos imputas, laqueos adpetitos non computas, quos deformitati tam dedecoris conuentionis plerique uerecundiores ad contumeliam, fragiliores ad iniuriam, expetito interitu praetulerunt opprobrium uitae amplius quam mortis supplicium pertimescentes.

8

29. Vidi ego miserabile spectaculum, liberos pro paterno debito in auctionem deduci et teneri calamitatis heredes, qui non essent participes successionis, et hoc tam immane flagitium non erubescere creditorem. Instat urguet addicit. «Mea» inquit «nutriti pecunia pro alimonia seruitium recognoscant, pro sumptu licitationem subeant. Agi-

---

73 구약성경의 지명 가운데 '게온'이라는 곳이 어디인지 불확실하다. 히브리어 성경(Biblia Hebraica Stuttgartensia)에는 '검정'이라는 뜻의 '시호르'(שׁיחור)로, 그리스어 『칠십인역』 성경에는 '게온'(Γηων)으로, 라틴어 『불가타』 성경에는 '강'(江)이라는 뜻의 '플루멘'(Flumen) 대문자로 나오지만, 『성경』(한국천주교주교회의)은 '나일 강'이라 번역했고, 『성경전서 표준 새번역』(대한성서공회)은 '시홀'이라 옮기고 이는 곧 '나일 강의 지류'라는 주석을 달았다.

74 예레 2,18 참조.

28. 오, 다른 사람의 재산이 얼마나 많은 비참한 이들을 만들었습니까! **"네가 게온[73]의 물을 마시다니 웬 말이냐?"[74]**라고 합니다. 네가 돈놀이꾼의 잔을 마시다니 웬 말이냐고 나는 말하렵니다. 그러면 그는 이렇게 말합니다. "많은 사람들이 잠시 돈을 빌려 자신들의 필요한 사정을 돌본 다음 돈을 갚았습니다." 얼마나 많은 사람들이 부채 때문에 목졸리고 있습니까? 그대는 저 사람들을 생각하지만, 이 사람들은 헤아리지 않습니다. 그대는 어떤 사람들이 빠져나왔는지는 기억하면서도, 어떤 사람들이 파멸했는지는 기억하지 않습니다. 갚은 돈은 계산하면서도, 밧줄에 목을 맨 사람들은 세지 않습니다. 불명예가 너무도 부끄럽고 불의 앞에 너무도 무력한 많은 사람들은, 죽음의 고통보다 삶의 불명예를 두려워한 나머지, 그토록 치욕스러운 결말을 선택했습니다.

제8장. 잔인한 고리대금업자와 어리석은 빚쟁이

29. 아버지의 빚 때문에 자녀들이 경매에 넘어가고, 재산상속에는 참여하지 못하는 그 아이들이 재앙의 상속자로 붙들려 있는 비참한 광경을 나는 보았습니다.[75] 채권자는 이 야만적 악행을 부끄러워하지도 않습니다. 그는 우기고 다그쳐 경매에 부칩니다. 그리고 이렇게 말합니다. "얘들은 내 돈으로 먹고 자랐으니, 양육의 대가로 종살이를 받아들이고 비용을 갚기 위한 경매 입찰을 겪어 마땅하네. 한 아이 한 아이의 가격을 매기는 경매가 열릴 거야." 목숨이 요구되는 곳에서 부적절하

---

75 가난 때문에 자녀를 팔아야 하는 아버지의 처절한 고통에 관한 진술은 암브로시우스 『나봇 이야기』 5,21-22; 바실리우스 『내 곳간들을 헐어 내리라』(강해 6) 4(PG 29,277A) 참조.

tetur hasta de pretiis singulorum». Non inmerito hasta agitatur, ubi caput quaeritur: non immerito ad auctionem peruenitur, ubi sors poscitur. Haec est faeneratoris inhumanitas, haec debitoris stultitia, ut filiis quibus pecuniam non relinquit, libertatem auferat, pro testamento chirographum dimittat, pro emolumento hereditatis syngrapham obligationis. Quid sibi uult paterni in liberos scriptura maledicti, ubi nulla est impii offensa peccati? An potest durius aliquod esse maledictum, grauiusque seruitium? Et illa saepe post mortem habet defunctus conpendia, quod non spectat miserias filiorum.

30. Vendit plerumque et pater liberos auctoritate generationis, sed non uoce pietatis et ad auctionem pudibundo uultu miseros trahit dicens: «Soluite, filii gulae meae sumptum, soluite paternae mensae pretium; uomite quod non deuorastis, reddite quod non accepistis, hoc meliores, quod uestro pretio redimitis patrem, uestra seruitute paternam emitis libertatem».

31. Esto ut aliquis qui subuenire possit accedat. Quis tantam expleat Charybdin, quis rationes faeneratoris agnoscat, quis auaritiam satiet, quae non iste pretia exaggeret, cum uiderit redemptorem? Non enim suo magis lucro quam alieno detrimento pascitur. Vera profecto, uera

---

76 『토빗 이야기』 5,16의 각주 참조.

게 경매가 이루어져서도 안 되고, 운명이 달린 곳에서 부당하게 경매에 부쳐서도 안 됩니다. 이것이 돈놀이꾼의 몰인정이요, 이것이 채무자의 어리석음입니다. 그는 자녀에게 돈을 물려주기는커녕 자유를 빼앗습니다. 유언 대신 채무 증서를, 상속자의 수익 대신 빚 문서를 물려줍니다. 단 한 번도 불효의 죄로 대든 적이 없는 자녀에게 아버지의 저주 문서가 웬 말입니까? 이보다 더 가혹한 저주와 더 혹독한 종살이가 있을 수 있겠습니까? 죽은 자는 죽은 다음에는 더 이상 자식들의 비참한 모습을 보지 않는 나름의 유익을 가끔 누리기라도 합니다.

30. 아버지는 종종 낳은 권리를 내세워 자녀를 팔아 치우지만, 가족애가 묻어나는 목소리가 아니라 창피한 얼굴로 가엾은 아이들을 경매장에 끌고 가면서 이렇게 말합니다. "얘들아, 내 탐식의 대가를 치르고, 아비의 밥값을 내어 다오. 너희가 삼키지도 않은 것을 토해 내고, 너희가 받지도 않은 것을 되돌려 주려무나. 그러면 너희는 더 훌륭한 사람이 된단다. 너희를 판 대가로 아비를 되사고, 너희의 종살이로 아비의 자유를 사 주기 때문이지."

31. 도와줄 수 있는 누군가가 와 주면 좋겠습니다. 그러나 누가 카리브디스[76]를 만족시킬 수 있겠습니까? 누가 돈놀이꾼의 잔머리를 이해할 수 있겠습니까? 누가 탐욕을 배불릴 수 있겠습니까? 그 인간이 속량贖良하러 온 사람을 보고서도 값을 부풀리지 않겠습니까? 사실 그는 자신의 벌이보다는 다른 사람의 손실로 먹고삽니다. 낯선 신들을 뒤따랐던 유다 백성들의 불경에 분노하신 하느님께서 하신 이 말씀은 분명

est utpote dei diuina sententia, qui cum iratus esset propter impietatem populi Iudaeorum, quod post deos abiret alienos, *cui* inquit *faeneratori uendidi uos?* Venditur enim qui obligatus fuerit faeneratori et uenditur non uno pretio, sed cottidiano, uenditur non cum definitione, sed cum accessione diuturna. Noua usurarum auctio per menses singulos, noua sub cottidiana licitatione uenditio. Qui plus obtulerit trahit semper, uenalis addicitur, numquam quasi uenditus aestimatur. Magna igitur uis caelestis sententiae. Non satis iudicauit dominus dicere: *Cui uendidi uos?* addidit *faeneratori.* Offensus nihil potuit grauius inuenire, quo uindicaret in perfidos. Derelictus expostulat, cur ita fugerint salutis auctorem, quasi faeneratori eos alicui dominus uendidisset digna poena dominum relinquentis. Habent serui quod amplius quam carceris poenas et uincula reformident, habent liberi quod paueant pro libertatis incuria.

32. Simul illud aduerte quod faeneratio praeuaricationis materia iudicata sit, quod is facile recedat a domino qui faeneratori se potuerit obligare; faenus enim radix mendacii, causa perfidiae est. «Ego uo» inquit «non uendidi, sed *peccatis uestris uenditi estis*». Ergo qui se faeneratori obligat ipse se uendit et quod peius est, uendit se non aere, sed culpa.

---

77 이사 50,1 참조.   78 이사 50,1 참조.

79 이사 50,1 참조.

참되거니와, 하느님의 거룩한 판단이기에 참됩니다. **"내가 너희를 어떤 고리대금업자에게 팔아넘겼단 말이냐?"**[77] 고리대금업자에게 저당 잡힌 이가 팔려 갑니다. 동일 가격이 아니라 그날그날의 가격으로 팔리고, 정찰가가 아니라 끊임없이 인상되는 가격으로 팔립니다. 매달 새로운 이자가 덧붙고, 매일 경매 입찰로 새로운 매매가 이루어집니다. 더 투자하는 이가 언제나 질질 끌게 마련이니, 매물이 경매에 부쳐져도 결코 팔렸다고 볼 수 없습니다. 하느님의 판단력은 위대합니다. **"내가 너희를 누구에게 팔아넘겼단 말이냐?"**라는 말로는 충분치 않다고 판단하신 주님께서는 **"고리대금업자에게"**라고 덧붙이셨습니다.[78] 상처 입으신 그분께서는 불충한 이들이 받는 벌 가운데 이보다 더 가혹한 것은 없다고 여기셨기 때문입니다. 버림받으신 그분께서는 그들이 왜 그렇게 구원자를 피해 다녔는지 물으십니다. 주인이 아무 고리대금업자에게나 종을 팔아넘기는 것은 주인을 저버린 이들에게 합당한 벌인 듯합니다. 종들은 감방과 쇠고랑의 벌보다 더 무서워하는 벌이고, 자유인들은 방종한 탓에 두려워하는 벌입니다.

32. 동시에, 돈놀이는 배신의 빌미로 여겨진다는 사실을 명심하십시오. 돈놀이꾼에게 자신을 저당 잡힐 수 있는 사람은 쉽사리 주님에게서 멀어지기 때문입니다. 대출은 거짓말의 뿌리이고, 배반의 원인입니다. **"내가 너희를 팔아넘긴 것이 아니라, 너희의 죄로 말미암아 너희가 팔린 것이다"**[79]라고 말씀하십니다. 돈놀이꾼에게 자신을 저당 잡히는 사람은 자기 자신을 팔아 치우는 셈인데, 더 나쁜 것은 돈이 아니라 죄로 자신을 팔아먹는 것입니다.

9

33. Quis iste peccati est faenerator nisi diabolus, a quo Eua mutuata peccatum obnoxiae successionis usuris omne genus defaenerauit humanum? Denique quasi malus faenerator chirographum tenuit, quod postea dominus suo cruore deleuit. Etenim quod mortis erat scriptum apicibus debuit morte dissolui. Faenerator ergo diabolus. Denique ostendebat saluatori diuitias suas dicens: *Haec omnia tibi dabo, si procidens adoraueris me.* At uero dominus aeris solutor alieni nihil ipsi debebat et quasi debitor uenit ut a faenore peccati exueret debitores. Nihil debebat qui poterat dicere: *Ecce uenit huius mundi princeps et in me suum non inuenit nihil.* Nihil debebat, sed soluebat pro omnibus, sicut ipse testatur dicens: *Quae non rapui, tunc exsoluebam.*

34. Quid distat malitia huius principis mundi? Faenerator pecuniae caput obligat, manum tenet, sortem ducit, centesimam exigit. O nomen triste de dulci! Dominus ouem centesimam liberauit – illa centesima

---

80 아우구스티누스는 이 대목을 『율리아누스 반박』 1,3,10에서 고스란히 인용했다. 『토빗 이야기』 23,88; 『토빗 이야기』 해제의 '친저성 문제' 항목 참조.

81 죄의 돈놀이꾼인 악마가 죄인을 죄의 노예로 만든다는 암브로시우스의 사상은 다른 작품들에서도 되풀이된다. 『서간집』 1,41,7; 『동정』 126; 『다윗 예언자 변론』 1,14,63 참조.

82 마태 4,9 참조.

83 요한 14,30 참조.

84 시편 69,5 참조.

제9장. 악마인 이자놀이꾼

33. 하와가 악마에게서 죄를 빌린 탓에, 온 인류가 죄스러운 상속 이자로 빚을 지게 되었으니, 이 죄의 돈놀이꾼은 악마가 아니고 누구이겠습니까?[80] 악마는 주님께서 훗날 당신 피로써 없애 버리신 빚 문서를 사악한 돈놀이꾼처럼 지니고 있었습니다. 죽음의 펜촉으로 쓰인 것은 죽음으로 지워야만 했습니다. 이자놀이꾼은 악마입니다.[81] 악마는 구원자께 이렇게 말하면서 자기 재산을 보여 주었습니다. **"당신이 엎드려 나에게 경배하면 이 모든 것을 당신에게 주겠소."**[82] 그러나 스스로는 어떤 빚도 지지 않으신 주님께서는 다른 사람의 빚을 갚아 주는 분이셨고, 빚쟁이들을 죄의 빚에서 풀어 주시기 위해 채무자처럼 오셨습니다. **"자, 이 세상의 우두머리가 오고 있다. 그는 내 안에서 제 것이라고는 아무것도 찾지 못한다"**[83]라고 말씀하실 수 있었던 분은 어떤 빚도 지지 않으신 분입니다. 아무런 빚도 지지 않으셨지만 모든 이를 위해 갚아 주신 분께서 **"나는 내가 가져가지도 않은 것을 갚아 주었다"**[84]고 몸소 증언하십니다.

34. 이 세상 군주의 죄악과 다를 바가 무엇입니까? 현금 대출업자는 목숨을 담보로 잡고, 서명을 받은 다음, 돈을 건네고, 백분의 일 이자[85]를 요구합니다. 오, 달콤한 이름에서 나온 서글픈 이름이여! 주님께서는 백 마리 가운데 한 마리[86]▶ 양을 구하셨습니다.[87]▶ 이것이 구원의 백

---

85 월 1%(연 12%)의 이자인 centesima에 관해서는 『토빗 이야기』 7,25의 각주 참조.

salutis, haec mortis est – et terra bona centuplum fructum reddit. *Vae his qui dicunt quod amarum est dulce et quod dulce amarum!* Quid amarius usura, quid dulcius gratia? Nonne hoc ipso sermone, quo centesimam appellant, reuocare deberent in memoriam redemptorem, qui uenit centesimam ouem saluare, non perdere?

35. Quis grauior exactor est? Et hoc triste nomen. Denique dominus ait: *Populus meus, exactores uestri circumscribunt uos,* et in euangelio habes: *Dum uadis cum aduersario tuo ad magistratum, da operam liberari ab illo, ne forte perducat te ad iudicem et iudex tradat te exactori et exactor mittat te in carcerem.* Quis iste sit exactor agnosce, qui etiam nouissimum quadrantem exigit et idem se creditorem uocat atque in hoc etiam nomine fraudem facit ut qui ueneni poculum melle inlinit, ut sub grato odore mors lateat atque inlita calicis ora uim fraudis abscondant. Creditor praetexitur quasi fidelis et quasi incredulus, ad quem fidelis obpignorat.

◄86 직역은 '백분의 일(centesima)의 양' 또는 '백 번째(centesima) 양'이다. 암브로시우스는 월 1%(연12%)의 백분의 일(centesima) 이자와 백 마리 가운데 한 마리(centesima) 양을 수사학적으로 비교한다.

◄87 마태 18,12; 루카 15,4 참조.　　　　88 마태 13,8 참조.

89 이사 5,20 참조.　　　　90 이사 3,12 참조.

91 루카 12,58 참조. 『성경』(한국천주교주교회의)에는 '옥리'(獄吏)로 번역되어 있지만, 암브로시우스는 '빚받이꾼'[推尋員, exactor]이라고 썼다.

분의 일(centesima)이고, 저것은 죽음의 백분의 일(centesima)입니다. 좋은 땅은 백배의 열매를 맺습니다.[88] **"쓴 것을 달다 하고 단 것을 쓰다고 하는 이들은 불행하다!"**[89] 이자보다 더 쓴 것이 무엇이며, 은총보다 더 달콤한 것은 무엇입니까? 백분의 일 이자를 가리키는 이 말씀을 통해서, 백 마리 가운데 한 마리 양을 잃어버리지 않고 구하러 오신 구원자를 기억 속에 되새겨야 하지 않겠습니까?

35. 누가 더 가혹한 빚받이꾼[推尋員]입니까? 이 또한 서글픈 이름입니다. 주님께서는 **"내 백성아, 너희 빚받이꾼들이 너희를 함정에 빠뜨리는구나"**[90]라고 하십니다. 복음서에도 **"네 적대자와 함께 재판관에게 가는 도중에 그에게서 벗어나도록 힘써라. 그러지 않으면 그가 너를 재판관에게 끌고 가, 재판관은 너를 빚받이꾼에게 넘기고 빚받이꾼은 너를 감옥에 가둘 것이다"**[91]라는 말씀이 있습니다. 마지막 한 푼까지 요구하면서 채권자 행세를 하는 이 빚받이꾼이 누구인지 알아차리십시오. 그는 신용대출업자(creditor)라는 이 이름으로도 속임수를 씁니다. 기분 좋은 향기 아래 죽음이 몸을 숨기고, 칠을 입힌 잔盞 언저리에 속임수의 마력을 숨길 수 있도록 독배에 꿀을 바릅니다. 신용대출업자는 믿음직한 사람인 듯하지만,[92] 신용담보대출을 받는 이에게는 믿지 못할 인간입니다.

---

92 채권자, 곧 신용대출업자(creditor)라는 말마디 자체는 '믿음직한 사람'(quasi fidelis)이라는 뜻을 지니고 있다는 말이다. 크레디토르에 대한 암브로시우스의 해설은 『토빗 이야기』 4,13의 각주 참조.

10

36. Quotiens uidi a faeneratoribus teneri defunctos pro pignore et negari tumulum, dum faenus exposcitur! Quibus ego adquieui libenter, ut suum constringerent debitorem, ut electo eo fideiussor euaderet; haec sunt enim faenoris leges. Dixi itaque: «Tenete reum uestrum et, ne uobis possit elabi, domum ducite, claudite in cubiculo uestro carnificibus duriores, quoniam quem uos tenetis carcer non suscipit, exactor absoluit. Peccatorum reos post mortem carcer emittit, uos clauditis: legum seueritate defunctus absoluitur, uobis tenetur; certe hic sortem suam iam memoratur implesse. Non inuideo tamen pignus uestrum reseruate. Nihil interest inter funus et faenus, nihil inter mortem distat et sortem: personat, personat funebrem ululatum faenebris usura. Nunc uere capite minutus est quem conuenitis; uehementioribus tamen nexibus alligate, ne uincula uestra non sentiat. Durus et rigidus est debitor et qui iam non nouerit erubescere. Vnum sane est, quod non

---

93 죽은 이의 시신마저 압류하여 담보물로 활용하던 당시 관행에 관한 증언이다(『유스티니아누스 법전』 9,19,6 참조). 게르마니아와 갈리아에서도 그 흔적이 발견되는 로마제국 후기의 시신 압류 관행은 중세 후기까지 지속된다. L. Aru, *Sul sequestro del cadavere del debitore in diritto romano*, in 〈Studi in memoria di A. Albertoni〉, 1, Padova 1936, 293. 297. 302; F. Gori, *SAEMO* 6, 233 참조.

94 여기서는 sors를 '빚'이라고 옮겼다. 사람들은 어리석게도 빚을 자산이라 여기기 때문이다(『토빗 이야기』 4,14; 5,19 참조).

95 빚은 곧 죽음이며, 고리대금은 인생을 파멸시킨다는 사실을 수사학적 기교로 설명하고 있다. 비슷한 소리를 지닌 단어들(funus와 faenus, motem과 sortem, funebrem과 faenebris)의 운율적 대비가 돋보인다. 참조: 대 레오 『설교집』 17: "돈의 이자는 영혼의 장례이다"(foenus pecuniae funus est animae).

제10장. 압류된 시신들

36. 돈놀이꾼들이 죽은 사람들을 남보물 대신 압류하여 이자를 요구하면서 매장조차 거절하는 것을 나는 얼마나 많이 보았습니까![93] 자기 채무자만 따로 붙잡아 두고 보증인은 풀어 주는 이들에게 나는 기꺼이 동의한 적이 있습니다. 이것은 대출 규정이기도 합니다. 나는 이렇게 말한 바 있습니다. "휘광이(망나니)보다 더 가혹한 그대들은 채무 피의자를 붙잡아 그대들에게서 도망갈 수 없도록 집으로 끌고 가서 그대들의 침실에 가둡니다. 그대들이 붙잡고 있는 사람은 감옥에서도 받아 주지 않고 빚받이꾼도 탕감해 주지 않기 때문입니다. 범죄자가 죽고 나면 감옥은 풀어 주지만, 그대들은 가둡니다. 죽은 사람은 매정한 법에서는 풀려나지만 그대들에게는 잡혀 있습니다. 이 죽은 이는 분명 제 몫을 다했다고 생각합니다. 나는 그대들이 담보물을 챙기는 것을 금하지는 않겠습니다. 장례(funus)와 대출(faenus) 사이에 아무런 차이가 없고, 죽음(mors)과 빚(sors)[94] 사이에 거리가 전혀 없습니다.[95] 대출 이자는 장례식 곡소리를 울려 퍼지게 하고 메아리치게 합니다. 그대들이 소송을 건 그 사람은 이제 정말 법적 권리를 상실했지만,[96] 그대들은 죽은 이가 그대들의 쇠사슬을 느끼지 못할세라 더 잔인한 채무 계약으로 옥죕니다. 뻣뻣하게 굳어 버린 채무자는 더 이상 볼그레하지 않습니다. 이제 그대들이 더 이상 두려워할 필요가 없는 한 가지가 분명 있으니, 죽은 이는 음

---

96 "법적 권리를 상실하다"(capite minutus est)라는 말은, 로마법에 따라 '권리 상실'(capitis diminutio) 판결을 받았다는 뜻이다.

timere possitis, quia poscere non nouit alimenta».

37. Iussi igitur leuari corpus et ad faeneratoris domum exsequiarum ordinem duci; sed etiam inde clausorum mugitu talia personabant. Ibi quoque funus esse crederes, ibi mortuos plangi putares, nec fallebat sententia nisi quod plures constabat illic esse morituros. Victus religionis consuetudine faenerator – nam alibi suscipi pignora etiam ista dicuntur – rogat ut ad tumuli locum reliquiae deferantur. Tunc tantum uidi humanos faeneratores, grauari me: tamen ego eorum humanitatem memorabam prospicere, ne postea se quererentur esse fraudatos, donec feretro colla subiecti ipsi defunctum ad sepulchra deducerent, grauiore maerore deflentes pecuniae suae funus.

11

38. Aliud non minoris acerbitatis accipite. Obseruant isti aleatorum conuenticula et perdentis aerumnam commoditatem suam iudicant. Spondent pro singulis: uarios primo sors ludit euentus, ad diuersos saepe transfertur uictoria stipendiaque eius uicissim atque aerumna mutantur. Omnes uincuntur et uincunt, faenerator solus adquirit: penes

---

97 암브로시우스가 리구리아 에밀리아 집정관(consularis) 시절에 겪은 일화일 수도 있고, 주교품을 받은 뒤 '주교 심문'(audientia episcopalis)에서 있었던 일에 관한 진술일 수도 있다.

식을 보채지 못한다는 사실입니다."

37. 나는 시신을 거두어 돈놀이꾼의 집에서 장례 절자를 진행하라고 명령했습니다.[97] 그러나 거기서도 갇힌 이들의 탄식 같은 것이 울려 퍼졌습니다. 그대는 그곳에서도 초상이 났다고 믿었거나, 죽은 이들 때문에 통곡한다고 여겼을 것입니다. 많은 사람들이 거기서 죽을 지경이었으니, 그 판단은 틀리지 않은 셈입니다. 돈놀이꾼은 종교 관행에 못 이겨 유해를 매장지로 옮겨 가게 해 달라고 청했습니다(다른 데서는 이런 담보물도 받는다고들 합니다). 그때 딱 한 번 나는 인간적인 돈놀이꾼들을 보았습니다. 나로서는 성가신 일이었지만, 나중에 속았다고 불평하는 일이 없도록 그들의 인간성을 유심히 지켜보았더니, 그들은 어깨에 상여를 메고 몸소 죽은 이를 무덤으로 운구運柩하면서도 자기 돈이 묻히는 장례식이라며 더 서럽게 울어 댔습니다.

제11장. 주사위 같은 도박꾼의 인생

38. 씁쓸한 정도가 덜하지 않은 또 다른 이야기를 들어 보십시오. 그들은 도박꾼들의 노름판을 구경하다가, 돈을 잃은 사람의 불행이 자신에게는 좋은 기회라고 판단합니다. 그들은 한 사람씩 보증을 서 줍니다. 처음에는 주사위가 다양한 결과를 냅니다. 승리는 종종 서로 다른 이들에게 옮겨 다니고, 그 수익과 환란이 뒤바뀝니다. 모든 이가 따고 잃는데, 돈놀이꾼 홀로 벌어들입니다. 어떤 이들에게는 땄다는 말이 무색할 지경입니다. 고리대금업자에게만 수익이 있습니다. 연간 수익이

alios inane nomen quod uicerint, penes solum faeneratorem fructus est, non annuus, sed momentarius: illi soli lucrum faciunt in omnium detrimento, illis solis est usura uictoriae. Videas reliquos subito egentes, repente diuites, deinde nudos, singulis iactibus statum mutantes. Versatur enim eorum uita ut tessera, uoluitur census in tabula, fit ludus de periculo et de ludo periculum; quot propositiones tot proscriptiones. Clamor plaudentium, fletus despoliatorum, gemitus deplorantium. Sedet inter hos creditor ut tyrannus, damnans unumquemque sorte capitali, agitat hastas, feralem instituit de singulorum exuuiis auctionem. Alios proscriptioni addicit, alios seruituti: non tanti occisi sub tyrannis sunt. Vitae igitur hanc aleam rectius dixerim quam pecuniae; sub momento fertur quod ualeat in aeternum. Ebrietas iudicat et nullus appellat. Habet et alea suas leges, quas fori iura non soluant. Notatur, si credi potest, infamia, qui putauerit renitendum et infamium sententia grauius quam censura iudicialis inurit opprobrium, quoniam qui apud iudicem damnantur apud illos gloriosi sunt, qui apud illos damnantur et apud iudicem criminosi sunt. Nobile Moyses constituit seniorum iudicium: hi tamen de leuioribus iudicabant, uerbum graue, hoc est de potioribus negotiis Moysi iudicio reseruare consueuerant. Hic dicitur:

---

98 탈출 18,25-26 참조.

아니라 순간 수익이 그러합니다. 모든 이의 손실로 그들 홀로 이득을 챙기고, 승리의 이자는 그들에게만 있습니다. 한번 주사위를 던질 때마다 남은 사람들이 어떻게 갑자기 가난해지고, 부유해졌다가 다시 벌거숭이가 되어 신분이 뒤바뀌는지 눈여겨보십시오. 그들의 인생이 주사위처럼 굴러다닙니다. 노름판에서 재산이 뒹굴어 다닙니다. 위험에서 놀이가 생기고, 놀이에서 위험이 생깁니다. 판돈만큼이나 팔려고 내놓는 물건들도 많습니다. 박수 치는 이들의 환호성과 빈털터리의 눈물과 슬퍼하는 이의 탄식이 있습니다. 채권자는 이들 한가운데 폭군처럼 앉아 한 사람 한 사람에게 사형선고를 내리고, 토지 경매를 부치고, 여기저기서 빼앗은 약탈품들로 포악한 경매를 벌입니다. 어떤 이들에게는 재산 몰수형, 다른 이들에게는 노예형을 선고합니다. 폭군들 치하에서 살해된 이들은 그리 많지 않습니다. 나는 이를 '돈 노름'(alea pecuniae)이라기보다는, 더 적절하게 '생명 노름'(alea vitae)이라 부르렵니다. 영원한 가치를 지닌 것이 한순간에 결딴나 버립니다. 술에 취해 결정해도 아무도 변론을 펼치지 않습니다. 노름도 제 법을 가지고 있어 법정의 법률로도 무효화할 수 없습니다. 믿기 어렵겠지만, 노름 규칙에 맞서야 한다고 생각하는 이에게는 불명예의 꼬리표가 붙고, 이런 악명 높은 자들의 단죄는 법정의 선고보다 더 무거운 비난으로 낙인을 찍습니다. 법관 앞에서 선고받은 사람들은 이들에 비하면 영예로운 편입니다. 악랄한 자들에게 단죄받는 이들은 법관 앞에서도 유죄이기 때문입니다. 모세는 원로들의 탁월한 법정을 꾸렸습니다.[98] 그럼에도 원로들은 더 가벼운 사안에 관해서만 판결을 내렸고, 주요 현안이나 더 중대한 문제에 관해서는 모세의 판단에 맡기곤 했습니다. 그렇지만 여기 도박 세계에

«Aleonum concilium iudicauit», et plus eorum timetur potentia quam leonum. Inter has feras uiuis, faenerator, atque uersaris, his bestiis cibum eripis, his taetrior aestimaris, his crudelior plus timeris.

39. Ferunt Chunorum populos omnibus bellum inferre nationibus, faeneratoribus tamen esse subiectos et cum sine legibus uiuant, aleae solius legibus oboedire, in procinctu ludere, tesseras simul et arma portare et plures suis quam hostilibus iactibus interire, in uictoria sua captiuos fieri et spolia suorum perpeti, quae pati ab hoste non nouerint, ideo numquam belli studia deponere, quod uictus aleae ludo, cum totius praedae munus amiserit, ludendi subsidia requirat bellandi periculo, frequenter autem tanto ardore rapi, ut, cum ea quae sola magni aestimant uictus arma tradiderit, ad unum aleae iactum uitam suam potestati uel uictoris uel faeneratoris addicat. Denique constitit quod quidam eorum et imperatori Romano cognitus in fide pretium seruitutis, quam sibi tali sorte superatus intulerat, suppliciis imperatae mortis exsoluerit. Premit ergo faenerator etiam colla Chunorum et eos urget in ferrum, premit barbaros suae terrore saeuitiae.

서는 "노름꾼들(aleonum)의 패거리가 판결을 내렸다"고들 합니다. 노름꾼들의 위세가 사자들(leonum)의 힘보다 더 무섭다는 말입니다. 돈놀이꾼이여, 그대는 이 맹수들 사이에서 살면서 똬리를 틀고, 이 짐승들에게서 음식을 빼앗습니다. 그대는 이 짐승들보다 더 혐오스럽다는 평가를 받고, 이 짐승들보다 더 잔인하고 훨씬 더 두려운 존재입니다.

39. 훈족은 모든 민족들과 전쟁을 벌인다고들 하지만 고리대금업자에게만큼은 복종하고, 법과 상관없이 살아가면서도 오로지 도박 규칙에만 순종합니다. 그들은 전투태세로 노름을 하며, 주사위를 무기와 함께 지니고 다닙니다. 많은 이들이 적들의 무기가 아니라 자기 주사위로 파멸합니다. 자신들이 승리를 거두어도 포로로 전락하고, 원수에게서는 참아 낼 수 없었을 재산 약탈을 견디어 냅니다. 그들은 전쟁에 대한 열망을 결코 꺾지 않습니다. 주사위 노름에서 지고 모든 전리품을 잃고 나면 전쟁의 위험 속에서 노름 밑천을 찾습니다. 돈을 잃은 사람은 종종 엄청난 격정에 사로잡혀 유일하게 큰돈으로 쳐 주는 무기를 넘겨준 다음 주사위 한 번 던지는 대가로 자기 목숨을 돈 딴 사람이나 고리대금업자의 권한에 맡겨 버립니다. 로마 황제에게도 알려진 그들 가운데 한 사람은 그런 주사위 노름에서 패함으로써 스스로에게 씌운 종살이의 대가를, 규정된 죽음의 처벌로써 성실히 치렀습니다. 그러므로 고리대금업자는 훈족의 목마저 조르고, 칼로 독촉하고, 자신의 끔찍스러운 폭력으로 야만족들을 억누릅니다.

12

40. Quid enim taetrius eo qui hodie faenerat et cras expetit! *Et odibilis* inquit *homo huiusmodi.* Oblatio quidem blanda, sed immanis exactio. Verum ipsa oblationis humanitas facit exactionis saeuitiam. Protulit pecuniam, hypothecas exigit atque in suis apothecis recondit. Vna pecunia a faeneratoribus datur et quam multa a debitoribus exiguntur! Quanta sibi fecerunt uocabula! Nummus datur, faenus appellatur: sors dicitur, caput uocatur: aes alienum scribitur, multorum hoc capitum immane prodigium numerosam exactionem efficit: syngrapham nuncupat, chirographum nominat, hypothecas flagitat: pignus usurpat, fiducias uocat: obligationem adserit, usuras praedicat, centesimas laudat.

41. Echidna quaedam est faeneratoris pecunia, quae tanta mala parturit. Echidna tamen fecunda poenis uiscera trahens partu suo rumpitur et morte materna docet subolem non esse degenerem in matrem. Igitur ‹ut› primum incipiunt esse serpentes illam morsibus suis scindunt. Illic ubi nascitur uenenum primum probatur. Pecunia autem faeneratoris

---

99 집회 20,15 참조.
100 caput은 현대어 캐피털(capital, 資本)에 상응하는 용어이다.
101 다양한 이름으로 불리는 약탈적 대출을 빗댄 말이다.

제12장. 독사의 족속인 고리대금업자

40. 오늘 이자를 붙여 빌려주고 내일 돌려달라는 사람보다 더 혐오스러운 것이 무엇이겠습니까! **"이런 인간은 미움을 산다"**[99]고 합니다. 알랑거리며 바치고 잔혹하게 받아 냅니다. 친절 그 자체였던 선물이 무자비한 추심推尋으로 돌변합니다. 돈을 빌려주고는 담보물을 챙겨 자기 창고에 보관합니다. 푼돈을 건네준 돈놀이꾼들은 채무자들에게 얼마나 많은 돈을 요구합니까! 그들은 자신들을 위해 얼마나 많은 용어들을 만들어 냈습니까! 돈을 주고는 이자 대출(foenus)이라 부르고, 이를 일컬어 자산(sors)이라고도 하고, 자본(caput)[100]이라고도 합니다. 그러나 이 모든 것은 다른 사람의 돈이라고 적힐 따름입니다. 수많은 대가리를 지닌 이 무시무시한 괴물[101]은 어마어마한 빚을 받아 냅니다. 빚 문서를 작성하고, 채무 증서를 설명하고, 저당권을 설정한 다음 담보물을 요구해 저당 잡고, 보증인들을 세우게 하고, 의무 사항을 강조하고, 이자를 공지하고, 백분의 일 이자를 확정합니다.

41. 수많은 악을 낳는 이자놀이꾼의 돈은 에키드나[102]와 같습니다. 에키드나는 형벌 가득한 내장을 끌고 다니다가 제 새끼를 낳을 때 터져 버리는데, 어미의 죽음은 새끼가 어미보다 덜하지 않다는 사실을 가르쳐 줍니다. 그놈들은 뱀이 되기 시작하면 제 어미를 물어뜯어 갈기갈기 찢어 버립니다. 거기서 나온 독이 처음으로 검증되는 셈입니다. 이자놀

---

102 그리스신화에 등장하는 에키드나(Echidna)는 상반신은 아름다운 여인, 하반신은 뱀의 모습을 한 괴물로서, 자신의 상반신만을 보여 주며 나그네를 유혹해서는 잡아먹었다고 한다.

omnia mala sua concipit, parit, nutrit atque ipsa magis in sobole sua crescit tristi prole numerosior, non minus flexuosa quam serpens atque in orbem tota se colligens, ut caput seruet, reliquo flagellat corpore, illud solum producit ad uulnera: spiris ingentibus quos conprehenderit ligat, solo capite interficit: saluo capite, etiamsi reliqua pars eius dilapidata fuerit, reuiuiscit.

42. Diuersa quoque serpentibus sunt conueniendi et parturiendi tempora, pecunia faenebris a die initae conuentionis crescentibus serpit usuris, quae parturire non nouit, quia dolores magis in alios ipsa transfundit. *Ibi dolores sicut parturientis.* Vnde etiam τόκος Graeci usuras appellauerunt eo quod dolores partus animae debitoris excitare uideantur. Veniunt calendae, parit sors centesimam: ueniunt menses singuli, generantur usurae malorum parentum mala proles. Haec est generatio uiperarum. Creuit centesima: petitur, non soluitur: adplicatur ad sortem. Fit maledictum propheticum *dolus in dolo*, usura inprobi seminis fetura deterior. Itaque non iam centesima incipit esse, sed summa, hoc est non faenoris centesima, sed faenus centesimae.

---

103 뱀은 몸통이 잘려 나가도 머리만 살아 있으면 되살아난다는 속설을 바탕으로 자본 (caput = 머리)의 징그러운 증식 능력을 설명한다. 『시편 제18편 해설』 20,2 참조.

104 시편 47,7 참조.

105 그리스어 '토코스'(Τόκος)는 출산과 이자라는 이중 의미를 지니고 있다. 바실리우스에 따르면, 출산은 풍요를 상징하고 이자는 악의 풍요를 가리키는데, 출산은 몸소 산고를 겪지 만 이자는 다른 이들의 고통을 낳는다. 바실리우스 『시편 제14편 둘째 강해』 1(PG 29,265B) 참조.

106 마태 3,7; 12,34 참조.   107 예레 9,5 참조.

이꾼의 돈은 자신의 모든 악을 잉태하고 낳고 키웁니다. 돈은 제 새끼들 안에서 더 커지고, 고약한 후손 때문에 더 늘어납니다. 돈은 뱀보다 더 유연합니다. 머리를 보호하기 위해 모든 것을 똬리 안에 모아들인 채 몸의 나머지 부분으로 공격하며 몸통만 부상負傷에 노출시킵니다. 움켜쥔 이들을 거대한 똬리로 칭칭 감고는 머리로만 죽입니다. 그 나머지 부분은 손상되더라도 머리만 살아 있으면 되살아납니다.[103]

42. 뱀들도 짝짓기와 출산 시기는 서로 다릅니다. 대출금은 계약이 시작된 날부터 늘어나는 이자와 함께 기어 다니지만, 고통을 다른 이들에게 떠넘겨 버리기 때문에 해산解産할 줄 모릅니다. **"거기[대출금]에는 해산하는 이의 산고와 같은 고통이 있습니다."**[104] 그래서 그리스인들은 이자를 출산(*tókos*)이라고도 불렀습니다.[105] 채무자의 영혼에서 출산의 고통이 터져 나오는 것 같습니다. 초하루가 다가오고, 대출금은 백분의 일 이자를 낳습니다. 한 달 한 달이 다가오고, 이자들이 태어납니다. 사악한 아비어미의 사악한 자식들입니다. 이야말로 독사의 족속입니다.[106] 백분의 일 이자가 자라났습니다. 청구할 때 못 갚으면 대출 원금에 이자가 덧붙기 때문입니다. **"속임수에 속임수가 덧붙는다"**[107]는 예언의 저주가 실현된 셈입니다. 이자는 나쁜 씨앗의 더 나쁜 열매입니다. 이제 더 이상 백분의 일 이자가 아니라 대출 총액이 되기 시작합니다. 이를테면, 대출금에 대한 백분의 일의 이자가 아니라, 백분의 일 이자를 또 대출한 셈입니다.

13

43. Vsuram quoque ab usu arbitror dictam, quod ut uestes usu ita usuris patrimonia scindantur. Lugubre cerae prima littera sonat, parturit, uox doloris est. Quid ibi boni esse potest, quod a dolore incipit et ab obligatione? Lepores ferunt generare simul et educare et continuo parturire: istis quoque anaglyphariis usurarum generatur et supergeneratur usura. Enutritur ac nascitur et nata iam parturit. Radices quoque arborum primo plantantur, ut prendant; cum prenderint, tunc uirescere incipiunt, postea pullulare: at uero pecunia faenebris uix plantata iam pullulat. Semina tempore erumpunt, animalia tempore pariunt. *Tempus* enim *pariendi et tempus moriendi, tempus plantandi et tempus uellendi plantatum, tempus occidendi et tempus sanandi, et infra: Tempus adquirendi et tempus reddendi, tempus custodiendi et tempus expellendi,* ut Ecclesiastes ait: pecunia faenebris hodie seminatur, cras fructificat: semper parit et numquam interit: semper plantatur, uix euellitur. Vult semper faenerator adquirere, numquam perdere, numquam custodire pecuniam suam, semper expellere, numquam sanare, semper

---

108 암브로시우스는 이자(usura)와 이용(usus)이라는 유사한 단어를 수사학적으로 비교하여 이자의 본성을 설명하고 있다.

109 직역은 밀랍 서판(cerae 또는 tabula cerata)인데, 이는 고대 로마인들의 필기도구였으며, 여기서는 대출 계약서를 일컫는다.

110 채무 증서 첫머리에 쓰게 되는 '이자'(usura)라는 단어의 첫 음절 '우'(u)는 그 음색부터 우울하고 구슬프다는 말인 것 같다.

111 이자(usura)의 첫 음절 '우'(u)는 출산하는 여인의 신음 소리와 비슷하다는 의미인 듯하다.

제13장. 고리대금업자의 끝없는 탐욕

43. 이자(usura)라는 말은 이용(usus)이라는 말마디에서도 나왔다고 나는 생각합니다. 옷은 이용하여(usu) 해지듯, 재산은 이자로(usuris) 거덜 납니다.[108] 대출 계약서[109]의 첫 글자는 구슬픈 소리를 냅니다.[110] 출산하는 고통의 소리입니다.[111] 고통과 의무로 시작하는 일 가운데 무슨 선한 것이 있을 수 있겠습니까? 토끼들은 낳고 키우는 일을 동시에 하면서 끊임없이 새끼를 친다고들 합니다. 이자는 이 돈놀이꾼들[112]을 위해서도 새끼를 치고, 넘치도록 낳습니다. 자라는 듯 태어나고, 태어나면 이미 낳고 있습니다. 나무들도 처음에는 뿌리를 내릴 수 있도록 심습니다. 뿌리를 내리면 그제야 푸르러지기 시작하여 나중에 싹을 틔웁니다. 그러나 이자 대출금은 심자마자 이미 싹이 틉니다. 씨앗들은 제때에 싹을 틔우고, 짐승들은 때에 맞춰 새끼를 낳습니다. **"낳을 때가 있고 죽을 때가 있으며 심을 때가 있고 심긴 것을 뽑을 때가 있다. 죽일 때가 있고 고칠 때가 있다."**[113] 그리고 **"벌어들일 때가 있고 되돌려 줄 때가 있으며, 간직할 때가 있고 던져 버릴 때가 있다"**[114]고 코헬렛이 말하지만, 대출금은 오늘 씨 뿌려지고 내일 열매 맺습니다. 언제나 낳기만 할 뿐, 결코 죽지 않습니다. 언제나 심기지만 좀처럼 뽑히지 않습니다. 돈놀이꾼은 늘 벌어들이려고만 할 뿐, 결코 잃으려 하지 않습니다. 제 돈을 고이 간직하려 하지 않고 언제나 굴리려 합니다. 치유해 주

---

112 직역은 '이자를 [밀랍 서판에] 새기는 자들'(anaglypharii usurarum)이다. 대출 계약서에 이자에 관한 대출 약정을 적어 넣는 돈놀이꾼들을 가리킨다.

113 코헬 3,2-3 참조.   114 코헬 3,6 참조.

occidere.

44. Et quia bonus ad omnia magister Ecclesiastes liber est Salomo-
nis, paulisper ipsi inhaereamus. *Non satiabitur* inquit *oculus uidendo
et non satiabitur auris auditu.* Nec faenerator expletur accipiendo nec
affectus eius cottidiano numerandi aeris satiatur auditu. Et iterum:
Omne quod fuit ipsum est quod erit. Crescit semper pecunia, otium
nescit auaritia, usura ferias. *Omnes* inquit *torrentes uadunt in mare et
mare non adimpletur.* Mare istud faenerator est; omnium patrimonia
tamquam fluctus absorbet et ipse nescit expleri. Mari tamen plerique
utuntur ad quaestum, faeneratore nemo utitur nisi ad dispendium: illic
multorum commodum est, hic uniuersorum naufragium.

45. Multa sunt animantia, quae cito generare incipiunt, sed cito e-
tiam generare desistunt: sors cito generat et numquam desinit, immo
cum exordium crescendi acceperit, in infinitum extendit augmentum.
Omne deinde quod crescit, cum ad naturae suae formam atque mensu-
ram magnitudinemque peruenerit, uacat incremento, sed faeneratorum
pecunia tempore semper augetur et ultra formam maternae sortis exce-
dens modum non continet. Pleraque etiam animantium cum coeperint
ea quae ex his sunt orta generare, tamquam effetis uiribus usum gene-

---

115 암브로시우스는 코헬렛의 저자가 솔로몬이라는 당대의 통념을 따르고 있다.

116 코헬 1,8.

기는커녕 언제나 죽이려 합니다.

44. 솔로몬의 코헬렛[115] 책은 모든 면에서 훌륭한 스승이므로, 삼깐 거기에 매달려 봅시다. **"눈은 보아도 만족하지 못하고 귀는 들어도 만족하지 못할 것이다."**[116] 돈놀이꾼은 버는 것으로 만족하지 못하고, 날마다 돈 세는 소리를 들으면서도 그의 욕망은 채워지지 않습니다. 또 이렇게 말씀하십니다. **"있던 모든 것은 있을 것과 같다."**[117] 돈은 항상 자라나고, 탐욕은 게으름을 모르며, 이자는 휴일을 모릅니다. **"강물이 모두 바다로 흘러드는데 바다는 가득 차지 않는다"**[118]고 합니다. 이 바다가 돈놀이꾼입니다. 그는 파도처럼 모든 이의 재산을 집어삼키지만 가득 찰 줄 모릅니다. 많은 사람들이 소득을 올리기 위해 바다를 이용하지만, 이자놀이꾼을 이용하는 사람치고 손해 보지 않는 이는 아무도 없습니다. 바다는 많은 사람의 편의를 위해 있지만, 돈놀이꾼은 모든 이의 파선破船을 위해 있습니다.

45. 빠르게 낳기 시작해서 빨리 생식生殖을 멈추기도 하는 생명체는 많습니다. 그러나 빚은 빠르게 낳기만 할 뿐 멈추는 법이 없습니다. 자라나기 시작하면 무한 증식을 합니다. 자라나는 모든 것은 자기 본성에 알맞은 형상과 비율과 크기에 이르면 성장을 멈춥니다. 그러나 돈놀이꾼들의 돈은 시간이 지나도 항상 늘어나고, 본전을 뽑고도 남는데 절도를 지키지 못합니다. 수많은 생명체들은 제 새끼들이 출산을 시작할 때

---

117 코헬 1,9 참조.
118 코헬 1,7.

rationis amittunt: sors autem faenoris cum fuerit crescentibus exaequata centesimis, et uetustatem sui renouat, et partus solitos adiunctione multiplicat.

14

46. Non nouum nec perfunctorium hoc malum est, quod ueteris atque diuinae praescripto legis inhibetur. Populus qui despoliauerat Aegyptum, qui pede transierat mare, monetur a faenoris pecunia cauere naufragia. Et cum de aliis peccatis semel aut multum iterata admonitione praescripserit, de faenore saepius intimauit. Habes in Exodo: *Quodsi pecuniam faeneraueris pupillo, orphano, pauperi, aput te non suffocabis eum, non inpones illi usuram.* Ostendit quid sit suffocare, id est usuram inponere; strangulat enim et quod peius est animam laqueus creditoris. Quo sermone et praedonis uiolentiam et deformis nodum mortis expressit: *Quodsi pignus acceperis uestimentum propinqui tui, ante solis occasum restitues illud; est enim hoc coopertorium eius tantum, hoc uestimentum turpitudinis eius. In quo dormiet? Quod si ita-*

---

119 탈출 18,7-8; 22,24-25; 레위 25,36-37; 신명 15,1-11; 23,20-21; 시편 15,5; 에제 18,4-9; 22,2 참조. 이자 대출을 금지하던 구약의 율법 규정에 관해서는 해제의 '고대 교회와 이자 대출' 항목 참조.

120 탈출 22,24 참조.

쯤이면 기진하여 생식능력을 잃게 마련입니다. 그러나 대출금은 백분의 일 이자가 자라나 원금과 같아지면 회춘回春하고, 이자까지 덧붙여 몇 배로 새끼를 칩니다.

제14장. 부자들의 포도주는 가난한 사람의 피눈물

46. 이 죄악은 새롭지도 않고 소홀히 다룰 것도 아닙니다. 이것은 오래고도 거룩한 율법 규정으로 금지된 것입니다. 이집트를 쑥대밭으로 만들고 발로 걸어서 바다를 건넌 백성은 이잣돈으로 말미암은 파선破船을 조심하라는 경고를 받았습니다.[119] 다른 죄들에 관해서는 한 번이나 여러 차례 반복된 경고로 규정하였지만, 이자에 관해서는 더 자주 일러 주었습니다. 그대는 탈출기에서 이런 말씀을 듣게 됩니다. **"만일 너희가 어린이나 고아나 가난한 이에게 돈을 꾸어 준다면, 네 앞에서 그를 목 조르지 말 것이며, 그에게 이자를 물려서도 안 된다."**[120] 목 조르는 것은 곧 이자를 부과하는 것이라고 설명합니다. 더 나쁜 것은 채권자의 올가미가 영혼을 질식시킨다는 것입니다. 성경은 약탈자의 폭력과 추악한 죽음의 그물을 이런 말씀으로 표현하였습니다. **"네가 네 이웃의 겉옷을 담보로 잡는다면 해가 지기 전에 그것을 돌려주어라. 그가 덮을 것이라고는 이것뿐이고, 그의 부끄러움을 가릴 것이라고는 이 겉옷뿐이다. 그는 어디서 자겠느냐? 그가 나에게 부르짖으면 나는 들어줄 것이다."**[121] 고리대금업자들이여, 그대들은 율법이 말하는 바를 들었습

---

121 탈출 22,25-26 참조.

que proclamauerit ad me, exaudiam eum. Audistis, faeneratores, quid lex dicat, de qua dixit dominus: *Non ueni legem soluere, sed inplere?* Quam dominus non soluit uos soluitis! «Vsuram» inquit, «petere suffocare est». Hoc quoque foris sero est dictum a quibusdam eorum prudentibus: *Quid est faenerare? Hominem* inquit *occidere.* Sed utique non Cato prior quam Moyses, qui legem accepit. Multo ille posterior.

47. *Si pignus acceperis uestimentum propinqui tui, ante solis occasum restitues illud,* ne nudati appareat turpitudo. Vos uero exuitis atque nudatis et non redditis. Videte ne sol occidat super auaritiam uestram, ne sol iustitiae uobis occidat, quia iustitiam non tenetis, aut sol iniquitatis super flagitia uestra condatur. Dies quoque perit inuito, nox inruit sicut Iudae, qui cum diabolus se misisset in cor eius, surrexit ad proditionem et facta est nox; sol enim iustitiae occiderat ei ac super

---

122 마태 5,17.

123 '바깥'(foris)은 교회 밖을 가리킨다. "바깥에 있는 사람이 나와 무슨 상관입니까?"(『불가타』 1코린 5,12: Quid mihi de iis, qui foris sunt?)라는 사도 바오로의 물음과 같은 맥락이다.

124 키케로『의무론』2,25,89 참조: "질문을 하던 사람이 '이자놀이는 무엇입니까?' 하고 말하자, 카토는 '사람을 죽이는 것은 무엇인가?'라고 말했다."

125 카토(Marcus Porcius Cato Uticensis, BC 95-46년)는 고대 로마 공화정 말기의 정치인이자 스토아철학 추종자였다. 로마 공화정을 지키기 위해 율리우스 카이사르에게 맞섰던 카토는 기원전 46년 카이사르가 탑수스 전투에서 승리를 거두자 플라톤의 『파이돈』을 읽으며 스스로 목숨을 끊었다.

126 성경의 지혜는 그리스철학보다 더 오래되었고, 그리스철학자들은 성경에서 진리를 얻어 썼다는 암브로시우스의 주장에 관해서는 G. Madec, *Saint Ambrose et la philosophie*, Paris 1974, 93; F. Gori, *SAEMO* 6, 245 참조.

니까? 이에 관해 주님께서는 이렇게 말씀하셨습니다. **"나는 율법을 폐지하러 온 것이 아니라 오히려 완성하러 왔다."**[122] 주님께서 폐지하지 않으신 것을 그대들이 폐지했습니다! **"이자를 요구하는 것은 목을 조르는 것"**이라고 했습니다. 훗날 바깥[123]에서도 다른 민족의 현자들 가운데 누군가가 이렇게 말했습니다. **"고리대금이란 무엇인가? 그것은 사람을 죽이는 것이다."**[124] 그러나 분명 카토[125]가 율법을 받은 모세보다 먼저 말하지는 않았습니다. 카토는 훨씬 후대의 인물입니다.[126]

47. **"그대가 그대 이웃의 겉옷을 담보로 잡는다면 해가 지기 전에 그것을 돌려주어"**[127] 벌거벗은 이의 수치가 드러나지 않도록 하십시오. 그러나 그대들은 빼앗고 벌거벗기고 되돌려 주지 않습니다. 그대들의 탐욕 위로 해가 지지 않도록 조심하십시오. 정의를 지니지 않은 그대들에게 정의의 태양이 저물지 않도록 하십시오.[128] 아니면 불의의 태양이 그대들의 죄악 위에서 솟아나지 않는지 지켜보십시오. [정의의 태양을] 원치 않는 이에게는 낮조차 사그라지고 밤이 유다처럼 들이닥칩니다. 악마가 유다의 마음속에 들어갔을 때,[129] 유다는 배신하려고 일어났고 밤이 되었습니다.[130] 그에게 정의의 태양[131]은 저물었고, 그의 마음에 들어간 악마가 그 위에 드러누워 잤습니다. 악마는 빛의 창조자를 뵙지 못하게 하려고 그 사람 안에 어둠을 만들었습니다. 불쌍한 그 인간은

---

127 탈출 22,25 참조.   128 에페 4,26 참조.

129 요한 13,2 참조.   130 요한 13,30 참조.

131 말라 4,2 참조.

eum recubuerat qui in cor eius intrauit. Fecit illi tenebras, ut lucis non uideret auctorem. Ibi miser periit in illo conuiuio, quo alii saluantur. Reddite igitur uestimentum debitori, in quo dormiat, et quietus sit. Si nolueritis reddere, *exaudiam* inquit *eum, quia misericors sum.* Si uos non exauditis, ego exaudiam, ego miserebor, ego non despiciam inopis precem.

48. In Deuteronomio quoque scriptum est: *Non exiges a fratre tuo usuram pecuniae et usuram escarum et usuram omnium rerum, quascumque faeneraueris fratri tuo. Si alienigenae credideris, usuram exiges ab eo, a fratre autem tuo non exiges.* Vides quantum pondus in uerbis sit. «Noli exigere» inquit, «usuram a fratre tuo», hoc est: cum quo debes omnia habere communia, ab eo tu usuram exigis? Frater tuus consors naturae et cohaeres gratiae: noli ab eo exigere amplius a quo durum est repetere quod dederis, nisi cum habuerit unde dissoluat.

49. Et quia plerique refugientes praecepta legis, cum dederint pecuniam negotiatoribus, non in pecunia usuras exigunt, sed de mercibus eorum tamquam usurarum emolumenta percipiunt, ideo audiant quid

---

132 탈출 22,26 참조.   133 신명 23,20-21 참조.

134 모든 인간이 더불어 지니고 있는 '같은 본성'과 '재화의 공동 사용권'을 일컫는 'consors naturae'의 의미에 관해서는 『토빗 이야기』 1,5의 각주 참조.

135 『나봇 이야기』 1,2; 『토빗 이야기』 1,5 참조.

다른 사람들이 구원받는 그 잔치에서 멸망했습니다. 그러므로 채무자에게 겉옷을 돌려주어 그 옷 안에서 잠을 자고 쉬게 하십시오. 만일 그대들이 되돌려 주기를 원치 않는다면 **"내가 그의 청을 들어줄 것이다. 나는 자비롭기 때문이다"**[132]라고 말씀하십니다. 여러분이 들어주지 않는다면, 내가 그의 청을 들어줄 것이고, 내가 자비를 베풀 것이고, 내가 가난한 이의 간청을 업신여기지 않을 것입니다.

48. 신명기에도 이렇게 쓰여 있습니다. **"너는 돈에 대한 이자든, 곡식에 대한 이자든, 네 형제에게 꾸어 주는 모든 것에 대한 이자를 네 형제에게 받아서는 안 된다. 이방인에게 꾸어 준다면 그에게서 이자를 받지만, 네 형제에게는 이자를 받아서는 안 된다."**[133] 이 말씀 안에 얼마나 묵직한 무게가 있는지 그대는 알고 있습니다. "네 형제에게는 이자를 받아서는 안 된다"고 합니다. 예컨대, 그대는 모든 것을 공유해야 하는 사람에게 이자를 받습니까? 그대의 형제는 자연의 공동상속자들[134]이며 은총의 공동상속자입니다.[135] 그가 갚을 방도를 지니고 있지 않다면, 그대가 준 것을 되돌려 주기 어려운 그 사람에게 더 이상 받으려 하지 마십시오.

49. 율법 계명을 요리조리 피해 다니는 많은 이들은 장사꾼들에게 돈을 꾸어 줄 때 이자를 돈으로 받지는 않지만, 그들의 상품으로 이자 수입만큼 받습니다. 율법에서 뭐라고 하는지 들어 보십시오. **"너는 곡식에 대한 이자든, 네 형제에게 꾸어 주는 모든 것에 대한 이자를 네**

lex dicat: *Neque usuram* inquit *escarum accipies neque omnium re-rum, quascumque faeneraueris fratri tuo.* Fraus enim ista et circum-scriptio est legis, non custodia. Et putas te pie facere, quia a negotiato-re uelut mutuum suscipis? Inde ille fraudem facit in mercium pretio, unde tibi soluit usuram. Fraudis illius tu auctor, tu particeps, tibi profi-cit quidquid ille fraudauerit. Et esca usura est et uestis usura est et quodcumque sorti accedit usura est. Quod uelis ei nomen imponas, usura est. Si licitum est, cur uocabulum refugis, cur uelamen obtexis? Si inlicitum, cur incrementum requiris?

50. Quod peius est, hoc uitium plurimorum est et maxime diuitum, quibus hoc nomine instruuntur cellaria. Si quis instaurandum conuiui-um putat, ad negotiatorem mittit, ut absentiati cupellam sibi gratis de-ferat: ad cauponem dirigit, ut Picenum uinum aut Tyriacum requirat, ad lanium, ut uuluam sibi procuret, ad alium, ut poma adornet. Itaque humanitatem iudicant quae alieno constant periculo. Tu bibis et alius diffluit lacrimis, tu epularis et alios cibo tuo strangulas, tu symphonia delectaris et alius miserabili deplorat ululatu, tu poma degustas et alius spinam uorat. *Numquid colligunt de spinis uuas, aut de tribulis ficus?*

---

136 신명 23,20 참조.

137 고흐를 비롯한 예술가들이 즐겨 마셨다는 독주(毒酒) 압생트는 고대사회에서는 포도주에 섞어 풍미를 더하는 데 사용되었다. 플리니우스 『자연사』*Naturalis historia* 14,109 참조.

138 vinum Picenum은 이탈리아 피체노 지방의 유명한 포도주이다.

형제에게 받아서는 안 된다."[136] 이것은 율법에 대한 사기요 속임수이지, 율법 준수가 아닙니다. 그대는 장사꾼에게 맞바꾸듯 받기 때문에 경건하게 처신하는 것이라 생각합니까? 그 장사꾼은 그대에게 이자를 지불하려고 상품 대금이라는 꼼수를 씁니다. 그대가 그 사기의 주모자이며 공모자입니다. 그 사람이 속인 모든 것은 그대에게 득이 되는 것입니다. 곡식도 이자이고, 옷도 이자이며, 대출금에 덧붙는 것은 무엇이든 이자입니다. 어떤 이름을 거기에 덧씌울지라도 이자일 따름입니다. 정당하다면 왜 이자라는 말마디를 회피하고, 왜 너울을 씌웁니까? 정당하지 않다면 왜 수익을 추구합니까?

50. 더 나쁜 것은 이것이 많은 이들, 특히 부자들의 악습이라는 사실입니다. 부자들은 이런 명분으로 창고를 짓습니다. 누군가 잔치를 준비해야겠다고 생각하면, 장사꾼에게 사람을 보내어 자신에게 공짜로 압생트[137] 한 통을 상납하게 합니다. 식당 주인에게는 피체노 포도주[138]나 티루스 포도주[139]를 귀띔하고, 푸줏간 주인에게는 암퇘지를 구해 내라 하고, 다른 이에게는 과일을 준비시킵니다.[140] 그들은 다른 사람의 파멸로 이루어진 것을 호의라고 여깁니다. 그대는 마시고 다른 사람은 눈물을 쏟아 냅니다. 그대는 잔치를 베풀고 그대의 음식으로 다른 이들을 목 조릅니다. 그대는 화음을 즐기고 다른 이는 비참한 통곡 소리로 탄식합니다. 그대는 열매를 맛보고 다른 사람은 가시를 삼킵니다. **"가시**

---

139 vinum Tyriacum은 레바논 티루스(현 지명은 수르) 지방에서 생산되던 포도주이다.

140 부자들의 추악한 식도락(食道樂)에 대한 암브로시우스의 비판은 『엘리야와 단식』 8,24; 『나봇 이야기』 5,20; 『토빗 이야기』 5,17.19; 『육일 창조』 5,27; 『카인과 아벨』 1,4,14; 『루카 복음 해설』 머리말 6; 『열두 시편 해설』 37,30; 『서간집』 14 참조.

Spina usura est, spina centesima est, tribulus faenus est, male urit. Quomodo ergo potes fructum habere de spinis? Si iste fructus de spinis non nascitur, ille nascetur aeternus? De aerumnis ditaris, de lacrimis lucrum quaeris, de fame aliena pasceris, de exuuiis despoliatorum hominum cudis argentum et iudicas te diuitem, qui stipem poscis a paupere? Sed audi quid dicat saluator: *Vae uobis diuitibus, qui habetis consolationem uestram!*

15

51. Sed forte dicas quia scriptum est: *Alienigenae faenerabis* et non consideras quid euangelium dicat, quod est plenius. Sed hoc interim sequestremus: legis ipsius uerba considera. *Fratri tuo non faenerabis* inquit *ad usuram; alienigenam exiges.* Quis erat tunc alienigena nisi Amalech, nisi Amorraeus, nisi hostis? Ibi, inquit, usuram exige. Cui merito nocere desideras, cui iure inferuntur arma, huic legitime indi-

---

141 마태 7,16.
142 암브로시우스는 가난한 나봇의 작은 포도밭을 손에 넣으려 애걸하던 아합 임금에 빗대어, 부자들의 비렁뱅이 근성을 비꼰다. 『나봇 이야기』 2,8 참조.
143 루카 6,24 참조.
144 신명 23,21 참조.
145 '더 완전한 복음'은 구약성경에 비해 더 완결적인 의미를 지니는 신약성경을 가리킨다.

나무에서 어떻게 포도를 거두어들이고, 엉겅퀴에서 어떻게 무화과를 거두어들이겠느냐?"[141] 가시는 이자입니다. 가시는 백분의 일 이자입니다. 엉겅퀴는 대출인데, 못되게 생채기를 냅니다. 그대는 어떻게 가시나무에서 열매를 얻을 수 있습니까? 이 열매가 가시나무에서 나지 않는다면 저 영원한 열매가 맺히지 않겠습니까? 그대는 비참함으로 부자노릇하고, 눈물에서 이윤을 추구하며, 다른 사람의 배고픔으로 배를 채우고, 발가벗겨진 사람에게서 약탈한 물건으로 은화銀貨를 만듭니다. 가난한 사람에게 적선을 청하는 자신을 그대는 부자라고 생각합니까?[142] 그러나 구원자께서 하시는 말씀을 들으십시오. **"불행하여라, 너희 부유한 사람들, 너희는 너희 위로를 지니고 있다!"**[143]

제15장. 이자놀이는 우상숭배

51. 그러나 혹시 그대는 **"이방인에게는 이자를 받고 꾸어 줄 것이다"**[144]라고 쓰여 있다고 우길 수도 있겠습니다만, 그대는 더 완전한 복음[145] 말씀을 생각지 않습니다. 그러면 이 말씀을 다시 떼어 놓고 봅시다. 율법 자체의 말씀을 되새겨 보십시오. **"네 형제에게 이자를 받고 꾸어 주어서는 안 되겠지만, 이방인에게는 이자를 받을 것이다."**[146] 이방인은 아말렉, 아모리족, 원수가 아니고 누구이겠습니까?[147] 거기서 이자를 받으라고 합니다.[148]▶ 그대가 해치려고 해도 괜찮은 사람, 그대가 정당하게 맞서 무기를 들 수 있는 사람에게는 합법적으로 이자를 부

---

146 신명 23,21 참조.
147 신명 25,17; 31,4 참조.

cantur usurae. Quem bello non potes facile uincere, de hoc cito te po-
tes centesima uindicare te. Ab hoc usuram exige quem non sit crimen
occidere. Sine ferro dimicat qui usuram flagitat, sine gladio se de hos-
te ulciscitur qui fuerit usurarius exactor inimici. Ergo ubi ius belli, ibi
etiam ius usurae. Frater autem tuus omnis, fidei primum, deinde Ro-
mani iuris est populus: *Narrabo nomen tuum fratribus meis, in medio
ecclesiae laudabo te.*

52. Denique etiam in Leuitico praescribit lex usuram a fratre non es-
se poscendam. Sic enim habes: *Et uiuet frater tuus tecum. Pecuniam
tuam non dabis illi in usuram et in amplius recipiendum non dabis illi
escas tuas.* Generaliter haec sententia dei omne sortis exclusit aug-
mentum. Vnde et Dauid et benedictum aestimauit et dignum habitatio-
ne caelesti *qui pecuniam non dedit in usuram.* Si ergo qui non dedit

◀148 이자 대출을 금지하는 히브리 전통은 구약성경과 랍비 문헌에 분명히 나타나지만(탈
출 18,7-8; 22,24-25; 레위 25,36-37; 신명 15,1-11; 시편 15,5 참조), 신명기 23장은 동족이
아닌 이방인을 대상으로 한 이자 대출을 예외적으로 허용한다(신명 23,20-21 참조). 신명기
의 이 대목은 고리대금의 죄악성을 비판하고 단죄하려는 교부들에게 커다란 걸림돌이 되었
을 것이다. 유다인 필론의 영향을 받은 알렉산드리아의 클레멘스는 신명기 전통을 수용해 동
족이나 그리스도교 신자들에 한해서만 이자 거래를 금지한다(『양탄자』 2,19 참조). 암브로시
우스는 교부들 가운데 유일하게 신명기 23장에 관한 본격적 해석을 시도하는데, 이자를 꾸어
주어서는 안 되는 '형제'는 "우선 신앙의 형제이고, 그다음은 로마법적 백성"(『토빗 이야기』
15,51), 곧 그리스도인과 로마 시민이지만, 적대국과 피 튀기는 보복 전쟁을 벌이기보다는 이
자 대출로써 '칼 없는 전쟁'을 벌이는 것이 낫다는 것이다. 실제로 기원전 1세기에 술라는 자
신에게 반기를 든 아시아의 각 도시들에 대해 감당할 수 없을 정도의 벌금을 부과하고, 로마
인들로 하여금 이들 도시에 높은 이율로 대출할 것을 강요한 바 있다(시드니 호머 외 『금리의
역사』 이은주 옮김, 리딩리더 2011, 96 참조). 적대국을 거슬러 이자를 받는 것은 적법하다는
암브로시우스의 이 견해는 로마제국의 법적·윤리적 규정에도 수용된다(『그라티아누스 법

과하라는 것입니다. 그대가 전쟁으로 쉽게 승리를 거둘 수 없는 사람에게 그대는 즉시 백분의 일 이자로 복수할 수 있습니다. 죽여도 죄가 되지 않을 사람[149]에게는 이자를 받아 내십시오. 이자를 요구하는 사람은 무기 없이 전투를 하는 것입니다. 원수의 이자를 받아 내는 사람은 칼 없이 원수에게 복수하는 것입니다. 전쟁의 권리가 있는 곳에는 이자의 권리도 있습니다. 그러나 모든 이는 그대의 형제입니다. 우선 신앙의 형제이고, 그다음은 로마법적 백성입니다. **"저는 당신 이름을 제 형제들에게 전하고, 모임 한가운데에서 당신을 찬양하오리다."[150]**

52. 레위기에서 율법은 형제에게 이자를 요구해서는 안 된다고 규정하고 있습니다. 그대는 이러한 말씀을 듣습니다. **"네 형제가 너와 함께 살아야 한다. 이자를 받으려고 그에게 네 돈을 주어서도 안 되고, 더 많이 되돌려 받으려고 그에게 네 양식을 주어서도 안 된다."[151]** 하느님의 이 규정은 모든 자산 증식을 총체적으로 배제했습니다. 그래서 다윗도 "이자를 받으려고 돈을 주지 않은 사람은" 복되고 천상 거처에 합당

전』 14,4,12 참조). 이자 대출의 예외적 허용 문제에 관해서는 B. Gordon, "Lending at Interest: some Jewish, Greek, and Christian Approches, 800 B.C.-A.D. 100", in *History of Political Economy* 14(1982), 409-412; R.P. Maloney, "Usury in Greek, Roman and Rabbinic Thought", in *Traditio* 27(1971), 79-109; "The Teaching of the Fathers on Usury: An Historical Study on the Development of Christian Thinking", in *Vigliae Christianae* 27(1973), 241-265 참조. 이 책의 해제 '고대 교회와 이자 대출' 항목도 참조.

[149] 로마 사회의 윤리 관행과 정치적 통념의 영향을 받은 암브로시우스는 전쟁의 정당성을 옹호하는 '정전론'(正戰論, bellum iustum)을 따르고 있다. 그러나 그리스도인에게 정의로운 전쟁, 정당한 전쟁이란 없다. 토마스 머튼『머튼의 평화론』조효제 옮김, 분도출판사 2006 참조.

[150] 시편 22,23.

[151] 레위 25,36-37 참조.

benedictus, sine dubio maledictus qui ad usuram dedit. Cur ergo male-dictionem potius eligis, quam benedictionem? Potestis benedicti esse, si uelitis, potestis iusti esse. Homo enim iustus secundum Ezechiel qui pignus debitori reddet et pecuniam suam in usuram non dabit et su-perabundantiam non accipiet et ab iniustitia auertet manum suam. *Ius-tus est iste; uita inquit uiuet, dicit dominus. Qui autem pignus non red-didit et in simulacra apposuit oculos suos, iniquitatem fecit, cum usu-ra dedit et superabundantiam accepit, hic uita non uiuet. Omnes ini-quitates istas fecit, morte morietur, sanguis eius super ipsum erit.* Vide quomodo faeneratorem cum idololatra copulauit, quasi crimen aequa-ret. Elige ergo quod dulce est.

53. Cur semper tristes, cur semper amarissimi, cur semper solliciti? Procedat aliquando a uobis misericordia, procedat ueritas: ablegetur mendacium, fraus odio sit. Docuistis periurium. Faeneratorium sacra-mentum dicitur, ubi paratur periurium. Peieratis frequenter, cum reddi-ta fuerit pecunia, quod syngrapha non appareat, peieratis postea quod non receperitis pecuniam. Nolite ergo semper miseri esse, semper

---

152 시편 15,1-5 참조.   153 에제 18,13 참조.

154 암브로시우스는 이자놀이를 우상숭배로 규정한다. 암브로시우스의 판단대로, '돈'(마몬, Μαμωνᾶς)을 신처럼 섬기는 배금주의(拜金主義, mammonism)에 물든 금융자본주의 시대에, 우상화된 돈은 인간의 가치관과 사고, 의지와 행동마저 지배하는 괴력을 발휘하고 있다.

하다고 평가했습니다.[152] 이자를 받으려고 주지 않은 사람이 복되다면, 이자를 받으려고 준 사람은 의심할 나위 없이 저주받을 자입니다. 어찌하여 그대는 축복보다 오히려 저주를 선택합니까? 그대들이 원하기만 하면 복을 받을 수 있고 의로워질 수 있습니다. 에제키엘에 따르면, 담보물을 채무자에게 되돌려 주고, 이자를 받으려고 자기 돈을 주지 않으며, 이윤을 남겨서 받지 않고, 자기 손을 불의에서 멀리하는 사람은 의롭습니다. **"그는 의로운 사람이니 살 것이라고 주님께서 말씀하신다. 그러나 담보물을 되돌려 주지 않았고, 제 눈을 우상에 맞추었으며, 악을 저질렀고, 이자를 붙여 꾸어 주었으며, 더 많이 남겨서 받은 자는 살지 못할 것이다. 이 모든 악을 행한 자는 죽을 것이고, 그의 피가 자기 위에 쏟아질 것이다."**[153] 이자놀이꾼을 어떻게 우상숭배자와 연결시켰는지 보십시오.[154] 거의 동일한 범죄로 취급합니다. 그러므로 감미로운 것을 선택하십시오.

53. 왜 그대들은 늘 가혹하고, 왜 항상 음울하기 그지없으며, 왜 언제나 걱정에 사로잡혀 있습니까? 마침내 그대들에게서 자비가 흘러나오게 하고, 진리가 흘러나오게 하십시오. 거짓말을 떨쳐 버리고, 속임수를 미워하십시오. 그대들은 위증僞證을 가르쳤습니다. 위증이 준비되면 대출자 선서를 합니다. 빌려준 돈을 받을 때에는 빚 문서가 보이질 않는다며 뻔질나게 거짓말을 하고, 나중에는 돈을 받지 않았다고 잡아뗍니다. 그대들은 늘 비참하고, 늘 탐욕스럽고, 늘 슬픈 존재가 되려 하지 마십시오. 자신의 사나움을 변화시키는 사자들도 있습니다. **"잡아**

auari, semper maesti. Leones sunt et feritatem suam mutant. *De man-ducante* inquit, *exiuit esca et de forte et tristi exiuit dulce.* Graecus *et tristi* habet; sic inuenimus. Tamen *de forte* hoc intelligitur, quia leo fortis est feritate qui ferus tristis. Et de uobis, qui pecuniam et auari-tiam deuoratis, exeat misericordia – haec enim esca est egenorum – et de tristi exeat dulce, ut dimittatis ei qui non habet unde dissoluat. Quid trahitis *peccata ut fune longo et iugi loro uitulae.* Quod fit utique, cum faenus producitis, tenetis pauperem debitorem. Vel ibi sit aliqua gratia, ubi nulla spes commodi. Et hoc secundum uestram auaritiam loquor.

16

54. Ceterum dominus in euangelio talibus magis existimat faeneran-dum, a quibus redhibitio non speretur. Sic enim ait: *Et si mutuum de-deritis a quibus speratis recipere, quae uobis est gratia? Nam peccato-res peccatoribus faenerant, ut recipiant. Verumtamen amate inimicos*

---

155 판관 14,14 참조.

156 암브로시우스가 사용한 그리스어 역본을 가리킨다.

157 『칠십인역』 성경에는 "··· 힘센 자에게서 달콤한 것이 나왔다(··· ἐξ ἰσχυροῦ ἐξῆλθεν γλυκύ)"로 번역되어 있을 뿐, '가혹한 자에게서'라는 대목은 없다. 그렇다면 암브로시우스가 언급하는 그리스어 본문은 『칠십인역』 성경이 아닌, 다른 그리스어 성경 번역본이거나 바실리우스의 성경 인용문일 것이다. 이 문제에 관한 자세한 연구는 S. Giet, "De sanit Basile à saint Ambroise. La condamnation du prêt à intérêt au IVᵉ siècle", *Recherches de Sciences Religieuses* 32 (1944), 95-128; F. Gori, *SAEMO* 6, 253 참조.

먹는 자에게서 음식이 나왔고, 힘세고 가혹한 자에게서 달콤한 것이 나왔다"[155]고 합니다. 우리가 살펴본 바와 같이, 그리스어 본문[156]에는 "가혹한 자에게서"[157]라고도 적혀 있습니다. 그렇지만 "힘센 자에게서" 라는 말은 이렇게 이해할 수 있겠습니다. 사자는 사납기 때문에 힘세고, 사나운 존재는 가혹한 법입니다. 돈과 탐욕을 게걸스레 먹어 치우는 그대들에게서도 자비 – 사실 이 자비는 가난한 이들의 양식입니다 – 가 흘러나오고, 가혹함에서 달콤함이 나오기 바랍니다. 그리하여 빚을 갚을 길이 없는 이를 탕감해 주십시오. 그대들은 어찌하여 "마치 긴 밧줄과 쇠고삐의 멍에처럼 죄를"[158] 질질 끌고 다닙니까? 그대들이 대출을 연장하여 가난한 사람을 빚쟁이로 묶어 둘 때 이러한 일이 벌어집니다. 아무런 기대 수익이 없을지라도 선의만큼은 남아 있기를 바랍니다. 나는 그대들의 탐욕을 두고 이런 말을 하는 것입니다.

제16장. 선한 대출자가 되는 법

54. 그러나 복음서에서 주님께서는 되돌려 받을 가망이 없는 이들에게 오히려 꾸어 주어야 한다고 하십니다. 그래서 이렇게 말씀하십니다. "너희가 도로 받을 가망이 있는 이들에게만 꾸어 준다면 너희에게 무슨 은총이 있겠느냐? 죄인들도 되받을 요량으로 죄인들에게 꾸어 준다. 그러나 너희는 너희 원수들을 사랑하여라. 그들에게 잘해 주고 아무것도 바라지 말고 꾸어 주어라. 그러면 하늘에서 너희의 상이 클 것

---

158 이사 5,18 참조.

uestros et benefacite et mutuum date nihil sperantes, et erit merces uestra multa in caoelo et eritis filii altissimi, quia ipse benignus super ingratos et malos. Estote misericordes, sicut et pater uester misericors est. Aduertitis quod nomen a domino faenerator acceperit, quod nomen etiam qui faenori uestro fuerit obligatus. *Peccatores* inquit *peccatoribus faenerant, ut recipiant.* Vterque peccator, et faenerator et debitor. *Vos* autem *amate* inquit *inimicos uestros.* Non discutiatis quid mereantur inimici, sed quid uos facere oporteat. Date mutuum his a quibus non speratis uos quod datum fuerit recepturos: nullum hic damnum est, sed conpendium. Minimum datis, multum recipietis. In terra datis et id uobis soluetur in caelo: faenus amittitis, mercedem magnam habebitis: faeneratores esse desinitis, filii eritis altissimi: eritis misericordes, qui uos aeterni patris probetis heredes.

55. Sed faeneratorum uos delectat et usurarum uocabulum. Id quoque non inuideo. Docebo quomodo boni faeneratores esse possitis, quomodo bonas quaeratis usuras. Dicit Solomon: *Faenerat domino qui miseretur pauperi, secundum datum autem eius retribuet ei.* Ecce bonum faenus de malo factum est. Ecce inreprehensibilis faenerator, ecce usura laudabilis. Nolite ergo iam me inuidentem uestris commodis

---

159 루카 6,34-36 참조.
160 잠언 19,17 참조.

이다. 그리고 너희는 지극히 높으신 분의 자녀가 될 것이다. 그분께서는 은혜를 모르는 자들과 악한 자들에게도 인자하시기 때문이다. 너희 아버지께서 자비하신 것처럼 너희도 자비로운 사람이 되어라."[159] 채권자가 주님께 받은 이름과, 그대들의 채권에 묶여 있는 자의 이름을 유심히 살펴보십시오. **"죄인들은 되받을 요량으로 죄인들에게 꾸어 준다"**고 하십니다. 채권자도 채무자도 둘 다 죄인입니다. 그러나 **"너희는 너희 원수들을 사랑하여라"**라고 하십니다. 원수가 무슨 득이 되느냐고 따지지 말고, 그대들이 무슨 일을 해야 할지 논의하십시오. 되돌려 받을 가망이 없는 이들에게 꾸어 주십시오. 여기에는 어떠한 손실도 없고, 이득이 있을 따름입니다. 최소한의 것을 주면, 많은 것을 받게 될 것입니다. 지상에서 주면, 천상에서 그것을 여러분에게 갚아 주실 것입니다. 이자를 포기하면, 큰 상급을 받을 것입니다. 이자놀이를 그만두면, 지극히 높으신 분의 자녀가 될 것입니다. 여러분은 영원하신 아버지의 상속자들임을 증명할 수 있는 자비로운 사람이 될 것입니다.

55. 그러나 그대들은 돈놀이꾼이라는 말마디와 이자라는 단어를 좋아합니다. 내가 그런 것조차 못마땅해하지는 않겠습니다. 나는 그대들이 어떻게 선한 대출자가 되고, 어떻게 착한 이자를 추구할 수 있는지 가르쳐 드리겠습니다. 솔로몬이 이렇게 말합니다. **"가난한 이에게 자비를 베푸는 사람은 주님께 꾸어 드리는 이. 그가 준 것에 따라 그에게 갚아 주시리라."**[160] 보십시오, 악한 대출에서 선한 대출이 되었습니다. 보십시오, 흠잡을 데 없는 대출자, 칭송받을 만한 이자입니다. 내가 여러분의 수익을 시샘한다고 여기지는 마십시오. 내가 그대들에게서 빚

aestimare. Putatis quod hominem uobis subtraham debitorem? Deum prouideo, Christum subrogo, illum demonstro qui uos fraudare non possit. Faenerate ergo domino pecuniam uestram in manu pauperis. Ille adstringitur et tenetur, ille scribit quidquid egenus acceperit – euangelium eius cautio –, ille promittit pro omnibus indigentibus, ille dicit fidem. Quid dubitatis dare? Si quis uobis diues huius saeculi offeratur, qui fide promittat sua pro aliquo debitore, statim numeratis pecuniam. Pauper est uobis dominus caeli et conditor mundi huius, et adhuc deliberatis, quem ditiorem quaeritis fideiussorem.

56. Sed allegatis quia pauper est factus, cum diues esset. Vidistis ergo quia fides eius diues est, fides eius idonea est. Pauper est factus, cum pro nobis solueret, et adhuc paupertas ipsa non decipit; nos enim diuites fecit, quos pauperes putabatis. Dicit enim apostolus: *Pauper factus est, cum diues esset, ut in illius inopia uos ditaremini.* Bona inopia quae largitur diuitias. Nolite ergo uos paupertatem timere, ut sitis diuites. Date otiosam pecuniam et recipietis fructuosam gratiam et pauperum subuenietis necessitatibus et uobis custodiae sollicitudo minuetur. Non peribit quod pauper acceperit et uobis quod dederitis inopi si-

---

161 2코린 8,9 참조.

쟁이 인간을 몰래 빼돌린다고 생각하십니까? 나는 하느님을 예견하고 그리스도를 대변하고 있습니다. 여러분을 속이실 수 없는 분을 나는 보여 드리고 있습니다. 그러므로 여러분의 돈을 주님께 꾸어 드리되, 가난한 사람의 손에 주십시오. 그분께서 묶여 계시고 그분께서 붙들려 계십니다. 그분께서는 가난한 사람이 받은 것은 무엇이든 적어 두십니다. 복음은 그분의 채무 증서입니다. 그분께서는 가난한 모든 이를 위해 약속하시고 보증을 서 주십니다. 그대들은 어찌하여 주기를 망설입니까? 이 세상의 한 부자가 어떤 채무자를 위해 몸소 보증을 서겠노라 약속하면서 그대들에게 나선다면, 그대들은 즉시 돈을 세어 줄 것입니다. 하늘의 주님, 이 세상의 창조자께서 여러분에게는 가난뱅이십니다. 그런데도 그대들은 더 부유한 보증인을 찾느라 아직도 고심하고 있습니다.

56. 그러나 그분께서는 부유하시면서도 가난해지셨기 때문이라고 그대들은 변명합니다. 그분의 보증은 넉넉하고, 그분의 보증은 상환 능력이 있다는 것을 여러분은 보았습니다. 그분은 우리를 위해 빚을 갚으시느라 가난해지셨습니다. 그리고 이 가난 자체는 아직도 우리를 속이지 않습니다. 이 가난은 그대들이 가난하다고 여겼던 우리를 부유하게 만들어 주었기 때문입니다. 사도는 이렇게 말합니다. **"그분께서는 부유하시면서도 가난하게 되시어, 여러분이 그분의 가난 안에서 부유하게 되도록 하셨습니다."**[161] 부를 베풀어 주는 좋은 가난입니다. 그러므로 부유해지고 싶다면 가난을 두려워하지 마십시오. 쓸모없는 돈을 주고 풍요로운 은총을 받으십시오. 가난한 이들을 궁핍에서 구제하면 돈 지킬 걱정이 여러분에게 줄어들 것입니다. 가난한 사람이 받는 것은 스러지

ne custode seruabitur. Quodsi incrementum quaeritis usurarum, in lege benedictio, in euangelio caelestis est merces. Quid suauius benedictione, quid maius est caelo? Si escarum desideratur usura, ea quoque praesto est, sicut legimus: *is* enim *qui miseretur pauperis ipse pascitur.*

17

57. Reddite ergo pignora, quae tenetis, quoniam fideiussorem idoneum repperistis. Sed obmurmurant adhuc dicentes quia licet tenere pignora et se lege defendunt. Aiunt enim: «Scriptum in Deuteronomio: *Si debitum fuerit tibi a proximo tuo quodcumque, non introibis in domum ipsius pignorare pignus, sed foris stabis, et homo aput quem est debitum tuum proferet tibi foris pignus. Si autem homo ille pauper fuerit, non dormies in pignore ipsius, sed redditione reddes ei pignus ipsius ad occasum solis, et dormiet in uestimento suo et benedicet te et erit in te misericordia coram domino deo tuo.* Et alibi, inquiunt, scriptum est: *Non pignorabis molam neque lapidem superiorem molae, quoniam*

---

162 영적 이자를 일컫는다.
163 잠언 22,9 참조.
164 하느님을 가리킨다.
165 신명 24,10-13; 『토빗 이야기』 20,69 참조.
166 신명 24,6 참조.

지 않고, 궁핍한 이에게 주는 것은 파수꾼 없이도 여러분에게 보존될 것입니다. 만일 그대들이 이자[162] 수익을 추구한다면 율법 안에 축복이, 복음 안에 천상 상급이 있습니다. 축복보다 더 감미로운 것이 무엇이며, 하늘보다 더 위대한 것이 무엇입니까? 양식糧食에 대한 이자를 원한다면 이 또한 마련되어 있습니다. **"가난한 이에게 자비를 베푸는 사람은 그 자신도 양육될 것이다"**[163]라고 우리가 봉독하는 바와 같습니다.

제17장. 되돌려 받기를 바라지 않는 무담보 대출

57. 그대들은 합당한 보증인[164]을 찾았으니 저당 잡은 담보물을 되돌려 주십시오. 그러나 아직도 투덜거리는 그들은 담보물을 잡는 것은 합법적이라고 주장하며 율법을 내세워 변명을 늘어놓습니다. 그들은 이렇게 말합니다. "신명기에 이렇게 쓰여 있다. '너는 네 이웃에게 무엇이든지 꾸어 줄 경우, 담보물을 잡으려고 그의 집에 들어가서는 안 된다. 너는 밖에 서 있고, 네가 꾸어 줄 사람이 밖으로 담보물을 가지고 너에게 나와야 한다. 그 사람이 가난하면, 너는 그의 담보물을 잡아 둔 채 잠자리에 들어서는 안 된다. 해가 질 무렵에는 그 담보물을 그에게 돌려주어, 그가 자기 겉옷을 덮고 잘 수 있게 해야 한다. 그러면 그가 너를 축복할 것이며, 네 주 하느님 앞에서 네 안에 자비가 깃들 것이다.'"[165] 그들은 다른 곳에는 이렇게 쓰여 있다고 합니다. "맷돌은 그 위짝 하나라도 담보물로 삼아서는 안 된다. 그것은 '생명을' 담보물로 삼는 것이기 때문이다."[166] 또 다른 곳에서는 "과부의 옷을 담보로 잡아

‹animam› hic pignorat. Et alibi: *Non accipies pignus uestimenti ui-duae».* Vnde argumentantur quia specialia pignora sint interdicta – non omnia –, id est pauperis et uiduae, molam quoque et lapidem superiorem molae prohibitum pignorari.

58. Sed cum per Ezechiel prophetam ipse dominus dicat iustum esse qui pignus reddidit, iniustum qui tenuit, utique non speciale aliquod, sed generaliter omne pignus suadet esse reddendum. Cum dicat Iob: *Conscriptionem quam habui aduersus aliquem iuramento conceptam, imponens coronam legebam, et si non scindens eam reddidi nihil accipiens a debitore,* cum dominus nihil ab his quibus mutuum dederimus sperandum esse praecipiat, quod recipere debeamus, quomodo pignus secundum legem putant esse retinendum?

18

59. Ac ne pari recrudescant modo et dicant etiam ad faenerandum se incitari legis oraculo, quia scriptum est: *Faenerabis gentibus multis, tu*

---

167 신명 24,17 참조.

168 에제 18,7 참조.

169 욥 31,35-37 참조. 이 대목은 그리스어 번역 『칠십인역』 성경과 부분적으로 통하지만, 옛 라틴어 성경 『베투스 라티나』(Vetus Latina)나 대중 라틴어 성경 『불가타』(Vulgata)와는 상이하다.

서는 안 된다"[167]고 합니다. 그들은 이 구절들이 특별한 담보물, 곧 가난한 이와 과부의 담보물에만 관련되어 있을 뿐, 모든 담보물에 연관된 것은 아니라고 주장합니다. 또한 맷돌도 맷돌 위짝을 담보물로 삼는 것만 금지했을 따름이라는 것입니다.

58. 그러나 에제키엘 예언자를 통하여 주님 몸소 말씀하실 때,[168] 담보물을 되돌려 주는 이는 의롭고 담보물을 잡는 이는 불의하며, 분명 어떤 특별한 담보물이 아니라 모든 담보물을 총체적으로 되돌려주어야 한다고 권고하십니다. 욥은 이렇게 말합니다. **"누군가를 거슬러 내가 지니고 있던 서약받은 빚 문서를 나는 관을 쓰고 읽은 다음, 빚 문서를 찢어 버리지는 않았다 하더라도, 채무자로부터 아무것도 받지 않고 되돌려 주었다."**[169] 우리가 꾸어 준 사람에게 아무것도 바라지 말아야 한다고 주님께서 명하시는데,[170] 그들은 어찌하여 율법에 따라 담보물을 잡아야 한다고 생각하는 것입니까?

제18장. 금도 은도 없는 사도들이 준 것들

59. **"너는 많은 민족들에게 꾸어 주기는 하여도 네가 꾸지는 않을 것이다"**[171]라고 쓰여 있다는 이유로, 율법 말씀도 이자 대출을 장려한다는 식으로 똑같이 왜곡하여 말하는 일은 없어야 하겠습니다. 그렇다면 율법 규정은 무엇을 누구에게 꾸어 주라고 했는지 더 충분하고 더 명확

---

170 루카 6,35 참조.
171 신명 28,12 참조.

autem non mutuaberis, tempus est plenius et expressius disputare et docere quid faenerandum et quibus legis statuta praescribant; praecedit enim faenoris causa pignoris causam. *Mutuabitur* inquit *peccator et non soluet, iustus autem miseretur et tribuit.* Audis, debitor, quid debeas declinare: audis, creditor, quid debeas imitari. Et infra: *Iuuenis fui et senui, et non uidi iustum derelictum nec semen eius quaerens panem. Tota die miseretur et faenerat.* Vnde huic iusto quod tota die faeneret? Ergo diues iustus est et quanto ditior unusquisque fuerit tanto iustior? Qui plus habuerit unde faeneret ipse erit iustior? Sed *difficile diues intrat in regnum caelorum.*

60. Quid ergo faeneret dic mihi, sancte Dauid! Contra me protuli testimonium, nisi mihi subuenis. Petrus dicebat: *Argentum et aurum non habeo*: numquid non erat iustus? Tu mihi ergo expone quid faeneret iustus. Itaque dum te lego, de te requiro, exponis mihi quid faeneret. Dixisti enim: *Beatus uir qui miseretur et commodat, disponet sermones suos in iudicio.* Inueni quid faenerat iustus. Petrus quoque me

---

172 암브로시우스는 이자 대출 문제를 먼저 다룬 다음, 대출을 위한 담보물(pignus) 문제는 나중에 언급한다. 『토빗 이야기』 20,67 참조.

173 시편 37,21 참조.

174 시편 37,25-26 참조.

175 마태 19,23 참조.

176 사도 3,6.

177 시편 112,5 참조.

하게 따지고 가르쳐야 할 때입니다. 이자 문제는 담보물보다 더 우선적으로 다룰 문제입니다.[172] **"죄인은 꾸기만 하고 갚지 않겠지만 의인은 자비를 베풀고 나누어 준다."**[173] 채무자여, 그대는 무엇을 피해야 하는지 듣습니다. 채권자여, 그대는 무엇을 닮아야 하는지 듣습니다. 그다음 대목에는 이런 말씀이 있습니다. **"어리던 내가 이제 늙었는데 의인이 버림을 받음도, 그 자손이 빵을 구걸함도 보지 못하였네. 그는 날마다 자비를 베풀고 꾸어 주네."**[174] 날마다 꾸어 줄 거리는 어디서 이 의인에게 옵니까? 그렇다면 부자가 의로운 사람이고, 누구든 더 부유한 만큼 더 의롭다는 말입니까? 꾸어 줄 것을 더 가진 사람이 더 의롭다는 말입니까? 그러나 **"부자는 하늘나라에 들어가기 어렵습니다"**.[175]

60. 거룩한 다윗님, 무엇을 꾸어 주어야 하는지 저에게 말씀해 주십시오! 당신이 나를 도와주지 않으신다면, 나는 자승자박自繩自縛한 셈입니다. 베드로는 말했습니다. **"나는 금도 은도 없습니다."**[176] 그렇다면 베드로는 의롭지 않았다는 말입니까? 의인은 무엇을 꾸어 주어야 하는지 나에게 설명해 주십시오. 내가 당신 말씀을 읽는 동안 나는 당신에 관하여 묻고, 당신은 의인이 무엇을 꾸어 주어야 하는지 나에게 설명해 주십니다. 당신은 이렇게 말씀하셨습니다. **"복되어라, 자비를 베풀고 꾸어 주는 사람. 심판에서 자신이 할 말을 준비하게 되리라."**[177] 나는 의인이 무엇을 꾸어 주는지 깨달았습니다. 베드로도 자신이 무엇을 꾸어 주는지 나에게 가르쳐 주었으면 합니다. 베드로는 자신과 요한을 바라보고 있던 가난한 이에게 **"나는 금도 은도 없습니다"**라고 말했습니다. 사도여, 그렇다면 당신은 가난한 이에게 아무것도 주지 않을 작정

doceat et ipse quid faeneret, qui dixit inopi adtendenti ad se et ad Io-
hannem: *Argentum et aurum non habeo*. Nihil ergo dabis pauperi,
apostole? Das tamen et plus das quam alii, das inopi quod alii donare
non possunt, das inopi post quod egere non possit, das inopi quod
etiam diuites accipere concupiscunt, das inopi quod hi qui istud argen-
tum et aurum habent conferre non nouerint, quia auaritia eos inpedit,
das inopi, qui eum diuitibus facias ditiorem. Incitasti animum meum,
concupisco hoc donum tuum. Dic cito, rogo, quid des. Noli me diu
suspensum reddere; cupio petere si cito soluas. Sed soluisti cito: non
distulisti inopem, non despexisti precem pauperis, non diutius eum
desperare fecisti, non uacuus ad templum ascendisti dicens: *Argentum
et aurum non habeo*. Non illi soli plenis manibus ascendunt qui aurum
et argentum habent: ascendit et pauper non uacuus, ascendit et ille non
uacuus qui aurum et argentum non habet. Audiamus quid det iste pau-
per. *Sed quod habeo* inquit *do tibi. In nomine Iesu Nazareni surge et
ambula*. O optanda paupertas, o ditior inopia! Claudicabat cui diuites
dabant: unus pauper dedit, et statim qui claudus erat sanus est factus.

---

178 사도 3,6 참조.

입니까? 그러나 당신은 줄뿐더러 다른 사람들보다 더 많이 주십니다. 다른 사람들이 줄 수 없는 것을 당신은 가난한 사람에게 주십니다. 받은 다음에는 아쉬워할 수 없는 것을 가난한 사람에게 주십니다. 부자들도 받고 싶어 하는 것을 당신은 가난한 사람에게 주십니다. 탐욕이 그들을 가로막는 바람에 금과 은을 지니고서도 베풀 줄 몰랐던 것을 당신은 가난한 사람에게 주십니다. 가난한 사람을 부자들보다 더 부유하게 만드시려는 당신께서는 가난한 사람에게 주십니다. 당신은 내 영혼에 생기를 불어넣으셨고, 나는 당신의 이 선물을 열망합니다. 청하오니, 당신이 무엇을 주시는지 어서 말씀해 주십시오. 나를 불확실한 상태에 오래 내버려 두지 마십시오. 당신이 얼른 해답을 주시는지 알고 싶습니다. 그러나 당신은 빨리도 해결해 주셨습니다. 당신은 가난한 사람을 멀리하지 않으셨고, 가난한 이의 청을 무시하지 않으셨으며, 가난한 이를 더 오래도록 실망시키지도 않으셨습니다. 당신은 **"나는 금도 은도 없습니다"**라고 말씀하시면서도, 빈털터리로 성전에 올라가지 않으셨습니다. 금이나 은을 가진 이들만 가득 찬 손으로 올라가는 것은 아닙니다. 가난한 이도 빈털터리로 올라가지 않았고, 금과 은을 지니고 있지 않았던 그분도 빈털터리로 올라가지 않으셨습니다. 이 가난한 분이 무엇을 주시는지 들어 봅시다. **"그러나 내가 가진 것을 당신에게 줍니다. 나자렛 사람 예수의 이름으로 일어나 걸으시오"**[178]라고 말합니다. 오, 바람직한 가난이여, 오, 더 풍요로운 궁핍이여! 부자들이 적선해 주곤 했던 사람은 여전히 절름거렸지만, 가난한 한 분이 주었더니 절름거렸던 사람이 즉시 나았습니다.

61. Habet ergo iustus quod faeneret, habet et argentum quod faeneret: sermones suos fenerat, hoc est iusti argentum; *eloquia* enim *domini eloquia casta, argentum igne examinatum, probatum terrae, purgatum septuplo.* Hoc faenerat qui legem accipit, qui legem meditatur, qui legem exercet: hoc faenerauit Petrus, hoc faenerauit Paulus. Quibus dicitur, ut ad uiros nationum pergerent, Petro ad Cornelium centurionem, cui dicitur: *Surge et uade nihil dubitans, quoniam ego misi illos.* Et surrexit et iuit. Et infra dixit: *Numquid aquam uetare possumus, ne baptizentur hi qui spiritum sanctum acceperunt? Iussitque eos baptizari,* hoc est: *Faenerabis gentibus,* ut peccata dimittas, debita auferas, *tu autem non mutuaberis,* mutuatur enim peccator et non soluet peccata sua, quia peccator est. Paulo dicitur : *Faenerabis gentibus,* qui missus ad gentes est, Iohanni dicitur: *Faenerabis gentibus,* Iacobo dicitur: *‹faenerabitis gentibu›* quibus dictum est: *Ite, baptizate gentes.*

---

179 시편 12,7 참조.

180 사도 10,20 참조.

181 사도 10,47 참조.

182 신명 28,12 참조.

183 사도 9,15 참조.

184 고리(F. Gori)가 논리적으로 재구성한 이 대목은 모든 필사본에서 누락되어 있다. F. Gori, *SAEMO* 6, 260-261 참조.

185 마태 28,19 참조.

61. 의인은 꾸어 줄 것을 가지고 있습니다. 꾸어 줄 은도 지니고 있습니다. 자신의 말씀을 꾸어 주니, 이것이 의인의 은입니다. **"주님의 말씀은 순결한 말씀이요, 불로 단련되고, 흙 도가니로 다듬어지고, 일곱 번 정제된 은입니다."**[179] 율법을 받아들이고, 율법을 묵상하고, 율법을 실천하는 사람은 이 말씀을 꾸어 줍니다. 베드로가 이 말씀을 꾸어 주었고, 바오로가 이 말씀을 꾸어 주었습니다. 바오로에게는 다른 민족 사람들에게 가라 하십니다. 베드로에게는 백인대장 코르넬리우스에게 가라고 하시면서 이렇게 말씀하십니다. **"일어나서 아무것도 두려워하지 말고 가거라. 내가 그들을 보냈기 때문이다."**[180] 그러자 베드로는 일어나 갔습니다. 그리고 다음과 같이 말했습니다. **"성령을 받은 이 사람들에게 물로 세례를 주는 일을 우리가 어찌 막을 수 있겠습니까?"** 그러고 나서 세례를 받으라고 그들에게 명령하였습니다.[181] 이는 곧, 죄를 없애고 빚을 청산하기 위해 **"너는 다른 민족들에게 꾸어 주기는 하여도 네가 꾸지는 않을 것이다"**[182]라는 말씀입니다. 죄인은 꾸기만 하고 자기 죄를 갚지 않아서 죄인입니다. 다른 민족들에게 파견된 바오로에게 이렇게 말씀하십니다. **"다른 민족들에게 꾸어 주어라."**[183] 요한에게 이렇게 말씀하십니다. **"다른 민족들에게 꾸어 주어라."** 야고보에게 이렇게 말씀하십니다. **"다른 민족에게 꾸어 주어라."**[184] 그들에게 이렇게 말씀하셨습니다. **"가서 다른 민족들에게 세례를 주어라."**[185]

62. Dicitur populo patrum: «Si custodieris mandata, benedictus eris et *faenerabis gentibus* uerbum». Denique non de pecunia dici significant sequentia: *Princeps eris gentibus multis: tibi autem nemo dominabitur. Constituet te dominus deus tuus in caput et non in caudam, et eris tunc supra et non subter, si exaudieritis uocem domini dei uestri.* Et sequitur: *Si autem non audieritis, maledictus tu in ciuitate et maledictus tu in agro.* Et infra: *Maledicta progenies uentris tui.* Non pecunia utique benedictum facit, sed cognitio dei, praedicatio uerbi, si gratiam domini faeneremus, si indigentibus eloquia domini conferamus, si obseruemus mandata caelestia. Et contra maledictum non facit, si desit pecunia quae faeneretur; sed si desit studium, si desit obseruatio caelestium statutorum, maledictus eris.

19

63. Denique mysterium ecclesiae euidenter exprimitur. Primum enim dixit ad discipulum legis: «Si audieris legem et custodieris, *faenerabis gentibus*». Quod factum est a patribus nostris. Faenerauit Moyses gentibus, qui proselytos adquisiuit, faenerauit Iesus Naue, faenerauit Gedeon, faenerauit Samuhel, Dauid Solomon Helias Heli-

---

186 신명 28,12 참조.   187 신명 28,12-13 참조.
188 신명 28,15-16 참조.   189 신명 28,18 참조.
190 구약의 성조들을 일컫는다.   191 신명 28,12 참조.

62. 그분께서는 성조들의 백성에게 이렇게 말씀하십니다. "네가 계명을 지킨다면 너는 복을 받을 것이고, **다른 민족들에게 말씀을 꾸어 줄 것이다.**"[186] 이는 돈에 관한 이야기가 아님을 이어지는 말씀들이 알려 줍니다. "너는 많은 민족들에게 우두머리가 되겠지만, 아무도 너를 지배하지 않을 것이다. 네 주 하느님께서 너를 머리가 되게 하시고 꼬리는 되지 않게 하실 것이며, 네가 네 주 하느님의 목소리를 잘 듣는다면 너는 위로만 올라가고 아래로는 내려가지 않을 것이다."[187] 이어서, "그러나 네가 듣지 않는다면, 너는 성읍 안에서도 저주를 받고 들에서도 저주를 받을 것이다".[188] 더 아래에서는, "네 태胎의 소생들도 저주를 받을 것이다"[189]라고 합니다. 돈은 복을 만들지 못합니다. 우리가 주님의 은총을 꾸어 준다면, 우리가 주님의 말씀을 가난한 사람들에게 베풀어 준다면, 우리가 천상 계명을 지킨다면, 하느님에 대한 깨달음과 말씀 선포가 복을 빚어낼 것입니다. 반면, 꾸어 줄 돈이 없다고 해서 저주받지는 않지만, 열성이 모자라고 천상 규정을 제대로 지키지 못하면 그대는 저주받을 것입니다.

제19장. 선한 돈놀이꾼과 착한 이자

63. 마침내 교회의 신비가 분명하게 표현되었습니다. 먼저 율법의 제자[190]에게 말씀하셨습니다. "네가 율법을 듣고 지킨다면 **다른 민족들에게 꾸어 줄 것이다.**"[191] 이것은 우리 성조들이 실천한 것입니다. 모세는 다른 민족들에게 꾸어 주었고 개종자들을 얻었습니다. 여호수아가 꾸어 주었고, 기드온이 꾸어 주었으며, 사무엘, 다윗, 솔로몬, 엘리야,

saeus, et si quis uolebat uerbum cognoscere, ad illos pergebat: *regina austri uenit audire sapientiam Solomonis.*

64. Vbi coepit populus Iudaeorum non custodire legem, coeperunt aduenae, hoc est ex populo nationum, qui in Iesum dominum credide-runt, interpretationem scripturarum illi uetusto populo faenerare. Fae-nerauit Timotheus patre Graeco ortus uerbum Iudaeis, cum sacerdo-tium recepisset, faeneramus hodieque sacerdotes in ecclesia uerbum Iudaeis, qui de synagoga ad ecclesiam transierunt, faeneramus et no-uam et uetustam pecuniam. Etenim quam habuerunt iam non habent; *oculos habent et non uident, aures habent et non audiunt,* pecuniam habent et non habent, quia usum eius ignorant, pretium eius nesciunt, figuram eius et formam non cognouerunt. Nam si cognouissent, num-quam auctorem eius pecuniae denegassent dicentes: *Nolumus hunc regnare super nos.* Qui quidem accepto regno rediens, iussit uocari seruos suos, quibus dedit pecuniam et eos qui faenerassent pecuniam praedicauit, ei autem qui pecuniam tenuit otiosam domini sui respon-dit: *Sciebas quod ego austerus homo sum: tollo quod non posui et me-*

---

192 마태 12,42 참조.

193 여기서 성경 해석(interpretatio scripturarum)이란 그리스도의 빛으로 구약성경을 해석하는 새로운 그리스도교 성경 주석을 뜻한다.

194 구약의 백성, 곧 유다인을 가리킨다.

195 티모테오의 출신 배경에 관해서는 사도 16,1 참조.

엘리사가 꾸어 주었습니다. 말씀을 알고 싶어 한 사람이라면 그분들에게 갔습니다. 남방 여왕이 솔로몬의 지혜를 들으러 왔습니다.[192]

64. 유다 백성이 율법을 지키지 않기 시작했을 때, 주 예수님을 믿은 다른 민족 출신 떠돌이들이 성경 해석[193]을 그 옛 백성[194]에게 꾸어 주기 시작했습니다. 그리스인 아버지에게서 태어난 티모테오[195]는 사제직을 받고 유다인들에게 말씀을 꾸어 주었습니다.[196] 오늘날 우리 사제들도 회당에서 교회로 넘어온 유다인들에게 교회 안에서 말씀을 꾸어 주고, 옛 돈과 새 돈[197]을 꾸어 줍니다. 예전에 가지고 있었던 그 돈을 이제 유다인들은 더 이상 지니고 있지 않습니다. **"그들은 눈이 있어도 보지 못하며, 귀가 있어도 듣지 못하고"**,[198] 돈이 있어도 가지지 못합니다. 그 돈의 용도를 알지 못하고, 그 값어치를 모르기 때문이며, 그 모양과 형상을 알아보지 못했기 때문입니다. 만일 그들이 알았더라면 **"저희는 이 사람이 저희 위에서 다스리는 것을 바라지 않습니다"**[199]라고 말하면서, 자기 돈의 주인을 한사코 부인하지는 않았을 것입니다. 그분은 왕국을 받으신 다음 돌아오시면서, 돈을 주셨던 당신 종들을 불러 모으라고 명하셨습니다. 그분은 돈을 꾸어 준 종들을 칭찬하셨습니다. 그러나 자기 주인의 돈을 쓸데없이 지니고 있던 이에게는 이렇게 대답하셨습니다. **"내가 냉혹한 사람이어서 가져다 놓지 않은 것을 가**

---

196 티모테오의 사제직(sacerdotium)에 관해서는 1티모 4,14; 2티모 1,6 참조.

197 옛 돈과 새 돈은 구약성경과 신약성경을 비유한다.

198 시편 113,13-14; 예레 5,21; 마태 13,11-17 참조.

199 루카 19,14 참조.

to quod non seminaui. Et quare non dedisti pecuniam meam ad men-
sam? Et ego ueniens cum usuris utique exegissem illam.

65. Audistis quae pecunia boni faeneratoris sit, quae pecunia bonas adquirat usuras, quae pecunia non infamet faeneratorem, non opprimat debitorem, quam pecuniam aerugo non possit obducere, non penetrare tinea, quae pecunia non de terreno thensauro sit, sed aeterno, quae pecunia diuitem faciat accipientem nec aliquid imminuat faeneranti. Haec pecunia usuram habet, ‹ut› non centesimam eius quod dederis portionem, sed centuplum feret fructum. Expande igitur sinum mentis, ut huius pecuniae numeratam tibi suscipias quantitatem: intende cordis optutum, ut agnoscas pecuniae huius imaginem et inscriptionem. Certe hanc pecuniam excute, tabulam supra mensam animae tuae, quae stabilis uirtutibus sit, quadratam constitue, conde in thensauro pectoris tui de quo doctus scriba depromit noua et uetera. Vides qualis haec pecunia sit, quemadmodum creditorem debitoremque inuisa in se coniungat nomina. Qui inuehebar in faeneratores, iam prouoco debitorem.

---

200 루카 19,22-23 참조.   201 월 1%, 곧 연 12%의 이자.

202 루카 8,8 참조.

203 마태 22,20; 암브로시우스 『서간집』 20,19; 『아욱센티우스 반박』 32 참조. 이 주제에 관한 아우구스티누스의 탁월한 해석도 참조하라: "우리는 하느님의 금고에서 잃어버린 하느님의 은화입니다. 우리의 잘못으로 우리 안에 새겨진 것이 닳아 없어져 버렸습니다. 그러나 우리 안에 몸소 새겨 주신 당신의 초상을 찾아 주시기 위해 그분께서 오셨습니다. 마치 황제가 자신의 초상을 찾듯, 당신의 은화를 찾으러 오셨습니다. '황제의 것은 황제에게 돌려주고,

겨가고 뿌리지 않은 것을 거두어 가는 줄로 알고 있었다는 말이냐? 그렇다면 어찌하여 내 돈을 은행에 넣지 않았더냐? 그리하였으면 내가 돌아오면서 이자를 붙여 기어이 그 돈을 되찾았을 것이다."[200]

65. 어떤 돈이 선한 돈놀이꾼의 것인지 그대들은 들었습니다. 어떤 돈이 착한 이자를 얻고, 어떤 돈이 채권자를 불명예스럽게 하지 않고 채무자를 억누르지 않으며, 어떤 돈이 녹슬고 좀먹을 수 없고, 어떤 돈이 지상의 보화가 아닌 영원한 보화에서 비롯하며, 어떤 돈이 받는 사람을 부자로 만들어 주고, 꾸어 주는 이에게는 아무것도 줄어들지 않게 하는지 그대들은 들었습니다. 이 돈은 이자를 지니고 있습니다. 그대가 준 것의 백분의 일(centesima)[201]이 아니라, 백배(centuplum)의 열매를 맺습니다.[202] 그대에게 배당된 분량만큼 이 돈을 받기 위해 정신의 품을 열어젖히십시오. 이 돈의 초상肖像과 거기 새겨진 것을 알아볼 수 있도록 마음의 눈을 가다듬으십시오.[203] 이 돈을 확실히 살펴보십시오. 덕으로 세워진 그대 영혼의 은행에 반듯한 통장을 개설하여 그대 가슴의 금고에 넣어 두십시오. 박학한 율법 학자는 거기서 새것도 꺼내고 헌것도 꺼냅니다.[204] 이 돈이 어떠한지 보십시오. 채권자와 채무자라는 상극相 剋의 이름이 어떻게 결합되는지 보십시오. 채권자들을 나무랐던 내가 이제 채무자를 독려합니다. 여러분은 이러한 돈을 꾸어 주는 사람들이

하느님의 것은 하느님께 돌려 드려라'(마태 22,21; 마르 12,17; 루카 20,25). 황제에게는 돈을 돌려주고, 하느님께는 여러분 자신을 돌려 드리십시오. 그러면 우리 안에 진리가 다시 자라날 것입니다"(『요한 복음 강해』 40,9).

204 마태 13,52 참조.

Huius ergo faeneratores pecuniae uos esse desidero, ut ad uos qui mu-
tuum sumant, sponte festinent, per quam non nummum, sed regnum
possitis adquirere, per quam non maledicta quaeratis, sed benedictio-
nis gratiam.

66. Hanc pecuniam faenerat populus nationum, qui sciuit accipere
faeneratum, qui sciuit cernere, qui sciuit excutere. Recusasti, indige
faenoris spiritalis: egere coepisti. De te igitur a dei filio dictum est:
Mutuabitur peccator et non soluet. Tibi dicitur: *Aduena qui est in te
ascendet super te, tu autem descendes in imum.* Nescit enim summum
qui Christum ignorat, in inferno semper est qui non ascendit ad Chris-
tum, in summo autem populus qui uerbum recipit. Hic habet fidei om-
ne patrimonium, de hoc dicit lex: *Hic tibi faenerabit, ut autem non
faenerabis ei: hic tibi erit caput, tu autem eris cauda,* hoc est: ille erit
primus, tu ultimus et abiectus. Auferam a Iudea caput et caudam, ini-
tium et finem: initium Christum, qui interrogatus qui esset respondit:
Initium, quod et loquor uobis. Finem quoque Christum dicit; ipse est
enim *finis legis ad iustitiam omni credenti.* Ergo qui non credit ad ius-
titiam nec initium nec finem habet, sed ipse sui finis est.

---

205 시편 37,21 참조.
206 신명 28,43 참조.
207 신명 28,44 참조.
208 요한 8,25 참조.
209 로마 10,4 참조.

되기 바랍니다. 그리하여 대출받으려는 사람들이 여러분을 향해 기꺼이 줄달음쳤으면 합니다. 이 돈을 통하여 동전이 아니라 왕국을 차지할 수 있기를 바랍니다. 여러분은 이 돈을 통해 저주가 아니라 축복의 은총을 찾게 될 것입니다.

66. 대출금을 받을 줄도 알았고, 식별할 줄도 알았으며, 평가할 줄도 알았던 다른 민족 백성은 이러한 돈을 꾸어 줍니다. 그러나 정작 영적 이자가 절실했던 그대는 이를 거부하면서 가난해지기 시작했습니다. 그래서 그대에 관하여 하느님의 아드님께서 말씀하셨습니다. "**죄인은 꾸기만 하고 갚지 않을 것이다.**"[205] 그대에게 말씀하십니다. "**네 가운데에 있는 이방인은 네 위로 올라가겠지만, 너는 밑바닥으로 내려갈 것이다.**"[206] 그리스도를 모르는 사람은 정상頂上을 모릅니다. 그리스도께 오르지 않는 사람은 언제나 하계下界에 있습니다. 그러나 말씀을 받아들이는 백성은 정상에 있습니다. 그는 신앙의 모든 유산을 지니고 있습니다. 이런 사람에 관해서 율법은 이렇게 말합니다. "**그가 너에게 꾸어 주어도 너는 그에게 꾸어 주지 못할 것이며, 그는 너에게 머리가 되겠지만 너는 꼬리가 될 것이다.**"[207] 곧, 그는 첫째가 될 것이고, 그대는 꼴찌가 되어 멸시받을 것입니다. 시작이신 그리스도께서는 당신이 누구시냐는 물음에 이렇게 말씀하십니다. "**나는 시작이라고 너희에게 말한다.**"[208] 그리스도는 끝이시라고도 합니다. "**그분은 모든 믿는 이의 의로움을 위해서는 율법의 끝이십니다.**"[209] 그러므로 믿지 않는 이는 정의를 위한 시작도 끝도 지니지 못하고, 스스로 자신의 끝이 됩니다.

20

67. Cognouimus faenus legitimum, cognoscamus et pignus, quod lex reddi iubet ante solis occasum. Quid sit istud audi dicentem apostolum: *Dedit deus pignus spiritum in cordibus nostris.* Tripliciter autem et pignus et conmendatum et depositum dicitur. Pignus dicunt quod pro mutuo aere susceptum est, conmendatum autem et depositum quod nos custodiae causa alicui commisimus. Vnde ait apostolus: *Scio cui credidi et certus sum, quia potens est conmendatum meum custodire in illum diem.* Depositum quoque idem docuit quod esset dicens: *Bonum depositum custodi per spiritum sanctum, qui habitat in nobis.* Numquid spiritus conmendati argenti aurique custos est aut per spiritum sanctum pecunia custoditur? Spiritale igitur pignus custoditur ab spiritu, ne aues caeli ueniant et auferant illud de cordibus nostris.

68. Petamus ergo, ut custodiat in nobis Christus hoc pignus, quod ipse donauit, et depositum suum conmendatumque conseruet; nihil enim accepit a nobis, sed ipse nobis credidit quod nostrum non erat. Et

---

210 암브로시우스는 제20장 전체에서 길고도 변화무쌍한 우의적 · 상징적 · 신비적 성경 해석을 펼친다. 성경의 역사적 · 문자적 의미에 익숙한 현대인들에게는 매우 낯설고 생경한 논리들이 많다.

211 『토빗 이야기』 18,59 참조.

212 2코린 1,22 참조. '담보물'(pignus)의 『성경』(한국천주교주교회의) 번역은 '보증'이다.

213 2티모 1,12 참조. '위탁물'(conmendatum)의 『성경』 번역은 '맡은 것'이다.

제20장.[210] 돌려주어야 할 담보물

67. 우리는 합법적인 대출을 알아보았으니, 해가 지기 전에 되돌려 주도록 율법이 명하는 담보물도 알아봅시다.[211] 그것이 무엇인지 사도의 말씀을 들어 보십시오. **"하느님께서는 우리 마음 안에 성령을 담보물로 주셨습니다."**[212] '담보물'擔保物(pignus), '위탁물'委託物(conmendatum), '예탁금'預託金(depositum) 이렇게 세 가지 방식으로 일컬어집니다. 돈을 빌려주는 대신 받아 둔 것을 담보물이라 하지만, 위탁물과 예탁금은 지킬 목적으로 우리가 누군가에게 맡긴 것입니다. 이에 관해 사도는 이렇게 말합니다. **"나는 내가 누구를 믿었는지 알고 있으며, 또 나의 위탁물을 그분께서 그날에 지켜 주실 수 있다고 확신합니다."**[213] 같은 사도께서 예탁금이 무엇인지도 이렇게 가르쳐 주었습니다. **"그대는 우리 안에 머무시는 성령을 통하여 선한 예탁금을 지키십시오."**[214] 성령께서 금과 은의 파수꾼이라는 말인가요? 아니면 돈이 성령을 통해 보관된다는 말입니까? 성령께서는 하늘의 새들[215]이 와서 우리 마음에서 영적 담보물을 채 가지 못하도록 지켜 주십니다.[216]

68. 그리스도 몸소 선사해 주신 이 담보물을 우리 안에서 지켜 주시고, 당신 예탁금과 위탁물을 보존해 주시도록 기도합시다. 그분은 우리에게서 아무것도 받지 않으셨지만, 우리 소유가 아니었던 것을 우리에

---

214 2티모 1,14 참조. '예탁금'(depositum)의 『성경』 번역은 '맡은 것'이다.

215 씨 뿌리는 사람의 비유에서 땅에 뿌려진 씨를 쪼아 먹는 새들을 일컫는다(마태 13,4 참조).

216 루카 8,5 참조.

ideo detrimento honestatis adficitur qui depositum uiolarit alienum. Si conmendatum hominis nulla debemus fraude uiolare, quanto magis diuinum et spiritale depositum bona fide seruare nos congruit, ne et existimationis et utilitatis grauia damna subeamus!

69. Hoc igitur pignus est, quod lex prohibet pignorari et uiolenter auferri. Sic enim habet scriptura: *Si debitum tibi fuerit a proximo tuo quodcumque, non introibis in domum ipsius pignorare pignus, et homo apud quem est debitum tuum proferet tibi foras pignus. Si autem homo ille pauper fuerit, non dormies in pignore ipsius, sed redditione reddes ei pignus ipsius ad occasum solis, et dormiet in uestimento suo et benedicet te et erit in te misericordia.*

70. Dices itaque mihi: ecce lex auferri pignus prohibuit, non suscipi, pauperi autem iussit reddi, non omnibus. Ac de corporalibus quidem pignoribus satis etiam Hesdra nos docuit quod iam, faeneratores, aduersus patrum uestrorum non possitis uenire professionem. Nam cum iuberentur qui faenerauerant et acceperant aliena pignora, ut restituerent ea, dixerunt: *Reddimus et ab ipsis nihil quaerimus.* Boni patres, qui statuerunt pignora debitorum esse reddenda, boni etiam faenerato-

---

217 신명 24,10-13; 『토빗 이야기』 17,57 참조.

218 '물질적 담보물'(pignus corporale)은 앞서 언급한 '영적 예탁금'(spiritale depositum)에 대비되는 표현이다. 『토빗 이야기』 20,68 참조.

219 느헤 5,12.

게 맡겨 주셨습니다. 다른 이의 예탁금에 손해를 끼치는 자는 정직함에 손실을 겪게 됩니다. 인간의 위탁물도 어떤 속임수로든 손상시키지 말아야 한다면, 우리가 명성과 유익에서 큰 손해를 입지 않도록 거룩한 영적 예탁금을 선한 믿음으로 보존하는 것은 얼마나 더 마땅한 일입니까!

69. 저당 잡고 난폭하게 빼앗지 못하도록 율법이 금지하는 담보물은 이러합니다. 성경은 이렇게 말합니다. **"너는 네 이웃에게 무엇이든지 꾸어 줄 경우, 담보물을 잡으려고 그의 집에 들어가서는 안 된다. 네가 꾸어 주는 사람이 밖으로 담보물을 가지고 너에게 나와야 한다. 그 사람이 가난하면, 너는 그의 담보물을 잡아 둔 채 잠자리에 들어서는 안 된다. 해가 질 무렵에는 그 담보물을 그에게 돌려주어, 그가 자기 겉옷을 덮고 잘 수 있게 해야 한다. 그러면 그가 너를 축복할 것이며, 네 안에 자비가 깃들 것이다."**[217]

70. 그대는 나에게 이렇게 반문할 것입니다. "율법은 담보물을 빼앗는 것을 금지했을 뿐, 받는 것을 금지하지는 않았습니다. 그리고 가난한 사람에게 되돌려 주라고 명했을 뿐, 모든 이에게 돌려주라고는 하지 않았습니다." 돈놀이꾼들이여, 물질적 담보물[218]에 관해서는 에즈라도 이미 우리에게 충분히 가르쳐 주었으니, 그대들은 그대 성조들의 신앙고백을 거스를 수 없습니다. 꾸어 주면서 다른 사람의 담보물을 받은 이들은 담보물을 되돌려 주라는 명령을 받자 이렇게 말했습니다. **"우리는 돌려줄 터이고, 그들에게 아무것도 요구하지 않겠습니다."**[219] 채무자들의 담보물을 되돌려 주어야 한다고 규정한 선한 성조들이고, 담

res, qui responderunt quod et pignora redderent et pecuniam non re-
quirerent, quam dedissent. Et sententia uos paternae censitionis his ad-
stringit et professio creditorum.

71. Est autem et aliud pignus, quod lex spiritalis prohibet auferri et,
si datum fuerit, reddi iubet ante solis occasum, quod homo debitor
reddit et ipse protulit. Debitor est autem omnis qui audit uerbum regni
et non intelligit. *Venit malus et rapuit quod seminatum est in corde ip-
sius.* Noli ergo introire in domum eius, ut illud pignus accipias. Vae
enim qui scandalizauerit unum de pusillis istis! Si sua stultitia amiserit
pignus suum, tu non habebis delictum. Si autem pauper fuerit, redde
pignus ante solis occasum; pignus autem uestimentum est. Si sibi di-
ues uidetur, ipse se decipit, si pignus tradiderit suum: si autem pauper,
qui non habeat diuitias spiritus, redde illi uestimentum suum ante solis
occasum.

72. Si de corporali ageretur pignore, utique magis per diem redden-
dum fuit, ne turpitudo nudi corporis diurno lumine proderetur; tene-
brae etenim nudum non produnt. Ac si hoc moueret, quod non haberet
pauper quo dormiens tegi posset, utique aut stragulum aut amictum di-
ceret esse reddendum. Nunc autem dicendo uestimentum tunicam ma-

---

220 마태 13,19; 루카 8,12 참조.
221 마태 18,6 참조.

보물을 되돌려 주면서 빌려준 돈도 요구하지 않겠다고 대답한 선한 채권자들입니다. 성조들의 결정과 채권자들의 선언이 여러분을 이렇게 독려하고 있습니다.

71. 빼앗아 가지 못하도록 영적 율법이 금하는 또 다른 담보물도 있습니다. 담보물을 받았을 경우에는 해가 지기 전에 되돌려 주라고 명합니다. 빚쟁이 인간이 되돌려 주는 담보물은 그 자신이 꺼내 온 것입니다. 하느님 나라의 말씀을 듣고도 이해하지 못하는 모든 이는 빚쟁이입니다. **"악한 자가 와서 그의 마음에 뿌려진 것을 빼앗아 갔기 때문입니다."**[220] 그러므로 그 담보물을 받으러 그의 집에 들어가지 마십시오. 이 작은 이들 가운데 하나라도 걸려 넘어지게 하는 자는 불행합니다![221] 그 사람이 자신의 어리석음으로 자기 담보물을 잃어버린다면 그대는 죄가 없을 것입니다. 그러나 그가 가난하다면 해가 지기 전에 담보물을 되돌려 주십시오. 그러나 담보물은 옷입니다. 부유한 체하면서 자기 담보물을 넘겨준다면 그는 자신을 속이는 것입니다. 그렇지만 영적 재화를 지니지 못한 가난한 사람이라면, 해가 지기 전에 그의 옷을 그에게 되돌려 주십시오.

72. 물질적 담보물에 관한 문제였다면, 벌거벗은 육신의 부끄러움이 한낮의 빛으로 드러나지 않도록 오히려 낮에 되돌려 주어야 한다고 분명히 말했을 것입니다. 어둠은 벌거벗은 사람을 드러내지 않기 때문입니다. 또 가난한 사람이 잠잘 때 덮을 수 있는 것이 없다는 사실이 그 동기였다면, 분명히 이불이나 겉옷을 되돌려 주어야 한다고 말했을 것

gis significat, quam induimur atque uestimur. Redde ergo pauperi tuni-
cam suam, ut dormiat in ea noctu.

73. Nonne tibi uidetur illum pauperem significare, qui cum una tu-
nica iubetur pergere, alteram non requirere, missus a Christo ad euan-
gelium praedicandum? Ipse enim est pauper spiritu, qui dormire pos-
sit; nam satiato diuitiis, non est qui sinat eum dormire. Dormit enim
pauper somnum resurrectionis, quem diues dormire non potest, quia
diuitiis et uoluptatibus suffocatur. Dormit Christi quietem dicentis:
Ego dormiui et quieui, et surrexi. Haec est tunica illa desuper texta,
qua erat Christus indutus, quam scindere non potuerunt illi milites,
quos agnoscis. Nullus enim eorum uestimentum Christi scindit, sed di-
uidit, sicut scriptum est: *Diuiserunt uestimenta mea sibi et super ues-
tem meam miserunt sortem.* Diuiserunt sibi euangelistae uestimenta
eius et super uestem eius, hoc est super praedicationem euangelii, qua
uestitur hodieque dominus Iesus, miserunt sortem, illam utique sor-
tem, quae cecidit super Matthiam, ut apostolorum numero duodecimus
excluso nomine proditoris adiungeretur. Bene autem de euangelistis

---

222 투니카(tunica)는 로마인들이 입던 통으로 된 속옷이다.
223 마태 10,10 참조.
224 마태 5,3 참조.
225 시편 3,6 참조.
226 이 주제에 관해서는 『나봇 이야기』 6,29; 15,63 참조.

입니다. 그러나 오히려 지금 옷에 관해 말하면서 뜻하는 바는 우리가 걸쳐 입는 속옷(tunica)[222]입니다. 그러니 밤에 속옷을 입고 잘 수 있도록 가난한 사람에게 그의 속옷을 되돌려 주십시오.

73. 그 가난한 사람은, 복음을 선포하도록 그리스도로부터 파견되면서 여벌을 챙기지 말고 속옷 한 벌만 지니고 가라는 명령을 받은 이를 뜻하는 것 같지 않습니까?[223] 그는 잠을 잘 수 있는, 영으로 가난한 사람입니다.[224] 재산으로 배부른 자에게는 잠이 허용되지 않습니다. 가난한 사람은 부활의 잠을 자고, 부자는 그런 잠을 잘 수 없습니다. 부와 쾌락으로 숨 막히기 때문입니다. 가난한 사람은 **"나는 잠을 잤고 쉬었고 일어났다"**[225]고 말씀하시는 그리스도의 잠을 잡니다.[226] 이것이 그리스도께서 입고 계셨던 위로부터 통으로 짠 그 속옷입니다. 그대가 알다시피, 그 군인들도 그분의 속옷을 찢을 수 없었습니다.[227] 성경에 쓰인 대로, 그들 가운데 그 누구도 그리스도의 옷을 찢지 않고, 그냥 나누어 가집니다. **"제 옷을 저희끼리 나누어 가졌고 제 속옷을 놓고서는 제비를 뽑았습니다."**[228] 복음사가들은 그분의 옷을 나누어 가졌고, 주 예수님께서 오늘도 입고 계신 당신 옷, 곧 복음 선포를 놓고 제비를 뽑았습니다. 그 제비는 배신자의 이름을 제외한 열두 번째 사도의 수를 채우기 위해 마티아 위에 떨어졌습니다.[229] 그러나 복음사가들에 관해서도 **"그들은 제비를 뽑았다"**고 잘 말했습니다. 제비란 하느님의 시험에

---

[227] 요한 19,23 참조.

[228] 시편 22,19 참조.

[229] 사도 1,25 이하 참조.

dictum est quia *miserunt sortem*; sors enim ueluti diuino pendet examine. Et ideo quia non potestate propria sunt locuti neque omnes eadem omnia, sed plerique diuersa dixerunt, quae alius non dixerat, sancti spiritus gratiam uelut sortito illis ea tribuisse cognoscimus, quae loquerentur singuli de operibus domini Iesu, ut eius sibi describenda pro eius nutu gesta diuiderent.

74. Est et illa tunica, quam demonstrat apostolus dicens: *Induite dominum Iesum.* Haec est tunica, quae inhonesta operit nostra et in his honestatem abundantiorem circumdat in Christo. Induimus uiscera misericordiae in Christo, induimus crucis gloriam, quae Iudaeis scandalum, Graecis stultitia. Illi erubescunt qui eam erubescendam putant, *nobis autem absit gloriari nisi in cruce domini Iesu.* Haec ignobilia nostra honorem abundantiorem habent, quia per passionem domini regnum nobis paratur aeternum; quo enim quis plus peccauerit eo plus diligit. Consepeliamur igitur domino Iesu, ut participes resurrectionis eius esse mereamur, exspoliemus *ueterem hominem cum actibus eius,* induamus nouum, in quo remissio peccatorum.

---

230 복음사가들의 다양한 영감에 관한 암브로시우스의 설명은 『루카 복음 해설』 10,115-117 참조.

231 로마 13,14 참조.

232 1코린 12,23 참조.

233 직역은 자비의 '내장'(viscera) 또는 자비의 '애간장'(viscera)이다. 루카 1,78 참조.

234 1코린 1,23 참조.

235 로마 1,16 참조.

달려 있기 때문입니다. 복음사가들은 자신의 권능으로 말하지도 않았고, 모든 이가 모두 똑같은 것을 말하지도 않았습니다. 오히려 다른 사람은 말하지 않은 다양한 것을 말한 경우가 많았습니다. 마치 제비뽑기라도 한 것처럼 성령의 은총을 그들에게 나누어 주시어, 저마다 주 예수님의 업적에 관하여 말하게 하셨다는 것을 우리는 알고 있습니다. 그리하여 복음사가들은 자기가 묘사해야 할 그분의 행적을 자신의 영감에 따라 나누어 가졌습니다.[230]

74. **"주 예수를 입으십시오"**[231]라고 사도가 말하면서 알려 주는 그런 속옷이 있습니다. 이것은 우리의 부끄러움을 덮어 주고, 그리스도 안에서 더 넉넉한 정직함을 그 속에 둘러 주는 속옷입니다.[232] 그리스도 안에서 자비의 마음[233]을 입고, 십자가의 영광을 입읍시다. 그 십자가는 유다인들에게는 걸림돌이고, 그리스인들에게는 어리석음입니다.[234] 십자가를 부끄럽게 여기는 그들은 얼굴을 붉히지만,[235] **"주 예수님의 십자가 안에서가 아니면 우리에게는 자랑할 것이 없습니다".**[236] 우리의 이 비천함은 더 풍성한 영예를 지니고 있습니다. 주님의 수난을 통하여 우리에게 영원한 나라가 마련되었기 때문입니다. 죄를 더 많이 지은 사람이 더 많이 사랑합니다.[237] 당신 부활에 참여할 수 있도록 주 예수님과 함께 묻힙시다. **"옛 인간을 그 행실과 함께"**[238] 벗어 버리고 새 인간을 입읍시다. 그 안에 죄의 용서가 있습니다.

---

236 갈라 6,14 참조.

237 루카 7,47 참조.

238 콜로 3,9-10 참조.

75. Bonus ergo amictus atque uestitus uerbum dei. Hoc uestitu filii
Noe pudenda patris operuerunt accipientes super umeros uestimentum
et retrorsum pergentes, ne uiderent uirilia patris, hoc est corporea,
quae habent pudorem quendam generationis humanae. Et ideo qui ui-
dere uoluit angustioris animi dignam mercedem recepit, ut seruos fie-
ret – omnis enim qui facit peccatum seruus est peccati –, unde ille in
terrenis remansit. Hoc pauperi nemo tollat uestimentum aut si tulerit,
sol non occidat super despoliatum, eum ante restituat, ne peccatum
pauperis faeneratori possit ascribi et non solum suo, sed etiam alieno
incipiat laborare peccato.

76. Hoc pignus in hac saeculi nocte reddatur, hoc uestimento in his
mundi tenebris induatur. Hoc pignus illius dominicae sortis est, non il-
lius contrariae. Legimus enim duas sortes in Leuitico, de quibus dic-
tum est: *Vnam domino facies, alteram transmissori.* Transmissor sor-
tem suam ad faeneratores transmisit, serui domini in sorte sunt Christi.
In hac sorte constitutus Aaron contrariae sortis exclusit aerumnam,

---

239 노아의 첫째 아들 셈과 막내아들 야펫.   240 창세 9,23 참조.

241 노아의 둘째 아들 함.   242 로마 6,20 참조.

243 운명, 제비, 자산 등 다양한 의미를 지닌 sors는 여기서도 수사학적 기법에 따라 다의
적으로 사용되고 있다. 『토빗 이야기』 4,14 참조.

244 히브리어 아자젤(עֲזָאזֵל)에 대한 해석은 다양하다. 『토빗 이야기』에서는 '속죄 제물'을
뜻하는 transmissor로 번역했고, 『칠십인역』 성경과 『불가타』 성경 둘 다 ἀποπομπαῖος caper
emissarius, 곧 '희생 염소'라는 뜻으로 번역했지만, 아자젤은 사막을 맴도는 귀신이라는 것이
오늘날 성서학계의 통설이다. 한국천주교주교회의 『주석 성경』 한국천주교중앙협의회 2010,
308 참조.

75. 하느님 말씀은 좋은 겉옷이며 의복입니다. 노아의 아들들[239]이 옷을 어깨에 걸치고 아버지의 부끄러운 부분, 곧 인간 출산을 위한 신체 기관으로서 특별한 부끄러움을 지닌 곳을 보지 않기 위해 뒷걸음으로 가서 이 옷으로 아버지의 부끄러운 곳을 덮어 주었습니다.[240] 그러나 부끄러운 부분을 보려 했던 자[241]는 종 – 죄를 짓는 사람은 모두 죄의 종입니다[242] – 이 되는, 더 옹졸한 영혼에게 합당한 대가를 받았고, 세속에 함몰되고 말았습니다. 아무도 가난한 사람의 이 옷을 빼앗아 가서는 안 됩니다. 빼앗아 가더라도, 빼앗긴 사람이 그것을 되찾기 전에 그 사람 위로 해가 저물지는 않게 하십시오. 가난한 사람의 죄가 돈놀이꾼에게 떠넘겨져 그가 자기 죄에다 다른 사람의 죄까지 뒤집어쓰고 고생하는 일이 없도록 하십시오.

76. 이 세상의 한밤중에 이 담보물을 되돌려 주고, 이 세상의 어둠 속에서 이 옷을 입게 하십시오. 이는 주님의 제비(sors)[243]에 대한 담보물이지, 반대편 제비에 대한 담보물이 아닙니다. 우리는 레위기에서 두 가지 제비에 관해 읽게 되는데, 거기에 대해서는 이렇게 말했습니다. **"제비 하나는 주님을 위해 뽑고, 다른 하나는 귀신[244]을 위해 뽑는다."**[245] 귀신은 자기 제비를 고리대금업자들에게 넘겼고, 주님의 종들은 그리스도의 제비 안에 있습니다. 아론은 그리스도의 제비 안에 서서 반대편 제비의 불행을 몰아냈습니다. 아론은 백성의 두 편 사이에 세워졌을 때 스스로 방벽防壁이 되어, 죽음이 죽은 자들로부터 산 자들의 제비 속으

---

245 레위 16,8 참조.

cum inter duas partes populi constitutus mortem a defunctis serpere in sortem uiuorum sui corporis non permisit obiectu. Huius sortis bonum pignus est uerbi amictus. Hanc uobis tunicam nemo auferat, debitores, hanc tunicam nulli oppigneretis, si uultis numquam turpitudinem sustinere, ut dormiatis inter cleros sicut Aaron, dormiatis inter duo testamenta, ut dormiatis somnum resurrectionis et uos reparare possitis. Hoc est uestimentum, quod etiamsi oppigneraueris, recipiendum sanctus Solomon in Prouerbiis suadet dicens: *Aufer uestimentum tuum; praeterit enim iniuriosus.*

77. Sapientiae uestimentum est ex illis indumentis, quae ex bysso et purpura sapientia sibi fecit, hoc est: indumentum fidei constat ex praedicatione caelestium et dominicae sanguine passionis: bysso aetheria figurantur, purpurae specie mysterium sacri sanguinis declaratur, quo regnum caeleste confertur. Denique uestimentum sapientiae significari superiora indicant; praemisit enim dicens: *Sapiens esto, fili, ut laetetur cor tuum,* et infra duos uersus ait: *Inprudentes autem superuenientes damnum pendent; aufer uestimentum tuum.* Aufer igitur, ne damnum excipias inprudentiae, ne exutum te proprio uestimento nequissimus il-

---

246 민수 17,13 참조.

247 시편 67,14; 『토빗 이야기』 5,18 참조.

248 신약과 구약.

249 잠언 27,13.

250 잠언 31,22 참조.

251 직역은 '에테르'이다. 아리스토텔레스는 세상을 구성하는 네 가지 기본 요소(흙, 공기, 물, 불) 외에 다섯째 요소인 옅은 물질, 이른바 '에테르'(aetherium)가 있다고 보았다. 오리게

로 스며들게 내버려 두지 않았습니다.[246] 이러한 제비의 선한 담보물은 말씀의 옷입니다. 채무자들이여, 아무도 이 속옷을 그대들에게서 빼앗아 가지 못하게 하십시오. 더 이상 부끄러움을 겪고 싶지 않다면 아무에게도 이 속옷을 담보물로 주지 마십시오. 그리하면 그대들도 아론처럼 자산(sors) 가운데서 잠잘 수 있고,[247] 부활의 잠을 자기 위해 두 계약[248] 가운데서 잠들 수 있으며, 원기를 회복할 수 있을 것입니다. 이것은 설령 담보물로 맡겼다고 할지라도, 거룩한 솔로몬이 잠언에서 되돌려 받으라고 권고하는 옷입니다. 솔로몬은 이런 말로 권고합니다. **"네 옷을 가져가라. 불의한 자가 지나가기 때문이다."**[249]

77. 지혜의 옷은 지혜가 자신을 위해 아마포와 자홍색 천으로 지은 그 옷들입니다.[250] 다시 말해 신앙의 옷은 천상 사물에 대한 선포와 주님 수난의 피로 지어집니다. 아마포는 영적 육체[251]를 상징하고, 자홍색 천의 색깔은 거룩한 피의 신비를 드러냅니다. 하늘나라는 이런 옷들로 이루어집니다. 앞서 말한 것들은 지혜의 옷이 무슨 뜻인지 알려 줍니다. **"아들아, 네 마음이 기쁘도록 지혜로워지려무나"**[252]라고 전제한 다음, 두 문장 뒤에서는 이렇게 말합니다. **"그러나 어리석은 자들이 들이닥치면 화를 입는다. 네 옷을 가져가라."**[253] 어리석음의 화를 입지 않

네스는 성경에 이러한 주장을 암시하는 내용이 전혀 없다는 이유로 그리스철학의 이 가설을 인정하지는 않지만, 다시 태어난 사람이 지니게 되는 영적 육체를 에테르라고 부르곤 한다. 암브로시우스도 오리게네스의 이 개념을 따르고 있다. 에테르에 관한 상세한 해설은 오리게네스 『원리론』 1,7,5; 3,6,6(이성효 · 이형우 · 최원오 · 하성수 해제/역주, 아카넷 2014, 378-381; 729-732) 참조.

  252 잠언 27,11.   253 잠언 27,12 참조.

le communis faenerator agnoscens confusionem tui detegere conetur opprobrii et persuadeat tibi, ut te foliis tegas et nudum te esse conspiciens in dei uerearis uenire conspectum.

78. *Redde* inquit *proximo in tempore, coangusta uerbum et fideliter age cum illo, et in omni tempore inuenies quod tibi necessarium sit.* Non amat multis innocentia se defendere. Susanna uocis adsertione non eguit: uerbum coangustauit ad dominum et statim adipisci meruit castitatis propriae testimonium. Plurima presbyteri loquebantur, qui laborabant uerborum fuco obducere ueritatem, sed non filia Iuda. Tacuit aput homines, locuta est deo. Erubescenda erat in plebe ipsa defensio muliebris et, dum pudor defenditur, inpudentia praetendebatur. Coangustauit uerbum dicens ad dominum: *Tu scis quia falsa dixerunt de me.* Et dominus spiritum Danielis pueri castitatis excitauit ultorem.

79. Coangusta ergo uerbum, ut redhibitio creditori, non lingua respondeat, siue mystice: coangusta uerbum, hoc est consumma; *uerbum enim consummans et breuians faciet dominus super terram,*

---

254 창세 3,7 참조.
255 집회 29,2-3 참조.
256 다니 13,42 참조.
257 다니 13,43 참조.

으려거든 옷을 가져가십시오. 자기 옷을 걸치고 있지 않은 그대를 알아본 가장 사악하고 천박한 돈놀이꾼이 그대의 치부恥部를 들추어내고, 나뭇잎들로라도 그대를 가리라고 꼬드기지 못하게 하십시오. 그대가 알몸인 것을 깨닫고는 하느님 앞에 나아가기를 두려워하는 일이 없도록 하십시오.[254]

78. "이웃에게 제때에 되돌려 주어라. 말을 줄이고 이웃에게 신의 있게 행동해라. 그러면 언제든 너에게 필요한 것을 찾게 되리라"[255]고 합니다. 결백은 많은 말로 자기변명하는 것을 좋아하지 않습니다. 수산나는 목소리의 진술이 필요 없었습니다. 주님께 짧은 말씀을 드리자, 곧바로 자신의 정결에 대한 증거를 얻을 수 있었습니다.[256] 꾸며 낸 말로 진실을 숨기려 애쓰던 늙은이들은 많은 말을 뱉어 냈지만, 유다의 딸은 그리하지 않았습니다. 사람들 앞에서는 침묵했고, 하느님께 말씀드렸습니다. 백성 가운데서 여성이 자기 변론을 펼친다는 것은 부끄러운 일이었습니다. 그러나 여인의 정숙함이 변호되는 동안 늙은이들의 파렴치함이 드러났습니다. 수산나는 주님께 이렇게 말씀드리면서 말을 아꼈습니다. **"당신께서는 이 사람들이 저에 관하여 거짓된 것을 말하였음을 알고 계십니다."**[257] 그러자 주님께서는 정결의 복수자로서 청년 다니엘의 영을 불러일으키셨습니다.

79. 그러므로 말을 아끼십시오. 혀가 아니라 부채 상환으로 채권자에게 응답하십시오. 신비적 의미로도 말씀드리겠습니다. 말을 아끼십시오. 곧, 말을 실현시키십시오. **"주님께서는 지상에서 말씀을 실현시**

hoc est ex multis ratiociniis adbreuiata tibi summa conueniat. Deduci-
to quod expensis diuersis est erogatum, ut saluum habeas quod super-
sit, quomodo dominus de multis dispensationibus Iudaeorum ex multo
illo ratiocinio peccatorum consummauit tandem atque breuiauit, ut re-
liquiae saluae fierent per electionem gratiae et seruarentur ad semen,
per quos intermortuam spem synagogae resuscitaret.

21

80. Quam deforme est, ut pro beneficio ei qui te adiuuit, rependas
molestiam! Cum istum fraudaueris cui debes, postea in tempore neces-
sitatis tuae non inuenies creditorem. Quam indignum, ut cum uictum
tuum sustentare non queas, cum adhuc nihil debeas, putes quod et uic-
tum tuum possis et debitum sustinere. Ante cogita unde dissoluas et
sic mutuum sume. «Fructus» inquit «agrorum capio»; sed qui non
abundant usui quomodo abundabunt contracti faenoris incremento?
«Sed possessionem meam uendo». Et unde fructus, quibus utaris ad
sumptum? Fenus non pecunia sua soluitur, sed augetur: numerando
coaceruatur et crescit.

---

258 로마 9,28 참조.
259 로마 9,27; 11,5; 이사 10,22 참조.

키시되, 말씀은 줄이실 것입니다."[258] 이를테면, 여러 계산들 가운데 간략한 셈법이 그대에게 유익할 것입니다. 남은 것이라도 안전하게 지킬 수 있도록 이미 들어간 잡다한 비용들은 털어 버리십시오. 유다인들에게 들어간 잡다한 경비의 경우에, 주님께서 그 기나긴 죄의 계산을 마침내 청산하시고 삭감해 주심으로써 남은 자들[259]을 은총의 선택으로 구원하시고 종자 씨로 보존하시어 회당의 죽은 희망을 되살리고자 하셨던 것처럼 말입니다.

제21장. 가난은 죄가 아니다

80. 그대를 도와준 사람의 은혜를 괴롭힘으로 되갚는 것은 얼마나 꼴사납습니까! 그대가 빚을 진 이 사람에게 사기를 친다면, 나중에 그대가 궁핍해졌을 때에는 대출자를 찾지 못할 것입니다. 아직 아무 빚이 없을 때에도 자기 생계를 꾸려 갈 수 없는 그대가, 자기 생활비와 빚을 함께 유지할 수 있다고 생각하다니 얼마나 가당찮습니까. 먼저 어떻게 갚을 것인지를 생각하고, 그다음에 빚을 얻으십시오. "나는 밭의 열매를 거두어들이겠소"라고 말합니다. 그러나 그냥 쓰기에도 넉넉지 않은 것이 어떻게 늘어난 대출 계약에 풍족하겠습니까? "그렇다면 내 소유물을 팔겠소." 그러면 지출에 쓸 소득은 어디서 마련할 것입니까? 빚은 자기 돈으로 갚아지지 않고, 오히려 커지게 마련입니다. 계산할수록 쌓이고 자라납니다.

81. Deinde non cogitas humilitatem et uerecundiam postulantis? Donec accipias, oscularis manus faeneratoris superbi, humilias uocem tuam, ne clarior sonitus uocis tuae auris eius offendat, ne plures te audiant deprecantem. Paupertas non habet crimen, nulla indigentiae infamia est, sed debere uerecundum est, non reddere inuerecundum. Postulabis dilationem, cum coeperis conueniri in tempore praescriptae solutionis: pro pecunia adferes taedia, causaberis de tempore, excusationes strues et, cum totum promiseris, ne in uniuersum fraudare uidearis, uix dimidium restitues. De amico inimicum facies, pro honore referes contumeliam, pro benedictione maledictum. Quam haec opinionem laedant considera, quam a uiro bono discrepent recognosce.

82. Ergo dum liber es a uinculis, ipse te retrahe, reuoca a iugo et onere seruitutis. Diues es: non sumas mutuum. Pauper es: non sumas mutuum. Diues es: nullam pateris petendi necessitatem. Pauper es: considera soluendi difficultatem. Opulentia usuris minuitur, paupertas usuris non eleuatur; numquam enim malum malo corrigitur nec uulnus curatur uulnere, sed exasperatur ulcere.

---

260 암브로시우스 『성직자의 의무』 2,108 참조.

261 이 대목은 대 바실리우스의 『시편 제14편 둘째 강해』 3과 비슷하다. "그대는 부자입니까? 이자로 돈을 받지 마십시오. 그대는 가난합니까? 이자로 돈을 받지 마십시오. 그대가 부유하다면 그대에게는 이자가 필요 없고, 그대가 아무것도 가지고 있지 않다면 이자에 매달리지 마십시오."

81. 그대는 청하는 사람의 비루함과 부끄러움을 생각지 않습니까? 받는 동안 거만한 돈놀이꾼의 손에 입을 맞추고, 더 큰 목청이 그의 귀에 거슬릴세라, 또 애걸하는 그대의 소리를 많은 사람들이 들을세라 그대의 목소리를 낮춥니다. 가난은 죄가 아닙니다. 궁핍에는 어떠한 불명예도 없습니다.[260] 그러나 빚지는 것은 부끄러워해야 하고, 되돌려 주지 않는 것은 수치스러워해야 합니다. 빚을 갚기로 정한 때에 이르기 시작하면, 그대는 상환을 연기해 달라고 사정할 것입니다. 그대는 돈 대신 걱정거리를 싸 들고 가서는, 시절을 탓하고 핑곗거리를 지어냅니다. 모든 것을 갚기로 약속하고는, 몽땅 떼먹는 사람처럼 보이지 않으려고 절반만 겨우 상환합니다. 그대는 친구를 원수로 만들고, 영예 대신 모욕을, 축복 대신 저주를 자초합니다. 이런 것들이 얼마나 평판에 흠집을 내는지 생각해 보십시오. 그런 자들은 선한 사람과 얼마나 동떨어져 있는지 깨달으십시오.

82. 쇠고랑에서 자유로운 동안 스스로 물러나, 족쇄와 종살이의 짐에서 벗어나십시오. 그대는 부자입니까? 빚을 놓지 마십시오. 그대는 가난합니까? 빚을 얻지 마십시오. 그대는 부자입니까? 청구해야 하는 어떠한 번거로움도 겪지 마십시오. 그대는 가난합니까? 갚아야 하는 어려움을 생각하십시오. 재산은 이자로 줄어들지만, 가난은 이자로 가벼워지지 않습니다. 악은 악으로 바로잡히지 않고, 상처는 상처로 낫지 않으며, 오히려 종기로 덧나는 법입니다.[261]

83. Haec uide, ne dum pecuniam petis, molam tuam obliges aut la-
pidem supermolarem. Mola est qua similago conficitur, qua molit si-
milaginem una mulier, quae adsumitur, et altera, quae relinquitur. For-
tasse illa adsumitur quae semper molit dei uerbum, ut habeat similagi-
nem, spiritalem farinam facit, expurgat uetus fermentum, ut sit noua
conspersio, custodit molam suam, interpretatur scripturas, seruat sibi
lapidem supermolarem: illa autem relinquitur, quae oppignorat molam
suam. Cum aliquid emoluerit perfunctorie, oppignorat lapidem qui est
super molam. Quis iste sit lapis quaero. Legi: *Lapidem, quem reproba-*
uerunt aedificantes, hic factus est in caput anguli. Quare super mo-
lam? Quia ipse est qui molentes adiuuat, ipse est qui dicit: *Scrutamini*
scripturas, in quibus putatis uos uitam aeternam habere.

84. Noli, faenerator, hunc lapidem supermolarem oppignorare, ne
cadas super illum; *omnis* enim *qui ceciderit super hunc lapidem con-*
quassabitur, supra quem ceciderit autem comminuet illum. Nec uiduae
pignus suscipias. Graue est secundum litteram utrumque, ut usum ins-
trumentumque uiuendi egeno auferas aut uiduae pignus detrahas, sed

---

262 신명 24,6 참조.
263 마태 24,41 참조.
264 1코린 5,7 참조.
265 신명 24,6 참조.
266 시편 118,22.
267 요한 5,39 참조.

83. 그대가 돈을 청하는 동안 그대의 맷돌이나 맷돌 위짝 돌을 담보물로 저당 잡히지 않도록 이것을 눈여겨보십시오.[262] 맷돌은 고운 밀가루를 만드는 도구입니다. 이 맷돌로 고운 밀가루를 가는 한 여인은 데려가고, 다른 여인은 버려둡니다.[263] 데려가는 그 여인은 아마도 고운 밀가루를 지니기 위해 늘 하느님의 말씀을 맷돌질하고, 영적 밀가루를 만들며, 새 밀가루 반죽이 되도록 묵은 누룩을 깨끗이 치우고,[264] 자기 맷돌을 지키고, 성경을 해석하고, 맷돌 위짝을 스스로 간직하는 사람일 것입니다. 그러나 버려진 그 여인은 자기 맷돌을 담보물로 맡긴 사람입니다.[265] 그 여인은 무언가를 게으르게 맷돌질하다가, 맷돌 위짝 돌을 담보물로 저당 잡히는 자입니다. 이 돌이 누구신지 나는 묻습니다. **"집 짓는 이들이 내버린 돌, 그 돌이 모퉁이의 머릿돌이 되었네"**[266]라는 말씀을 나는 읽었습니다. 왜 맷돌 위짝이십니까? 갈면서 도와주시는 분이 바로 그분이시기 때문입니다. 그분은 이렇게 말씀하시는 분이십니다. **"너희는 성경에서 영원한 생명을 얻겠다는 생각으로 성경을 연구하여라."**[267]

84. 돈놀이꾼이여, 그분 위에 떨어지지 않으려거든 이 맷돌 위짝 돌을 담보물로 잡으려 하지 마시오. **"이 돌 위에 떨어지는 자는 모두 부서지지만, 그분 위에 떨어지면 그자를 으스러뜨릴 것이다."**[268] 그대는 과부의 담보물을 잡지 마시오.[269] 가난한 사람에게서 생계 수단을 빼앗아 가는 것이든, 과부의 담보물을 떼먹는 것이든 둘 다 글자 그대로 대죄

---

268 루카 20,18; 마태 21,42-44 참조.
269 신명 24,17 참조.

grauius, si animae, quae uerbi uidua est, uerbum teneas, ut ei sterilita-
tem uiduitatis indicas.

22

85. Atque ut sciatis quod amanti haec affectu suadeam, ut sciatis
quod liceat et bene faenerare, ostendam uobis quem faeneratorem de-
beatis imitari. *Duo* inquit *erant debitores uni faeneratori; unus debe-*
bat denarios quingentos, alius quinquaginta. Non habentibus illis un-
de redderent donauit utrisque. Quis ergo eum plus diligit? Respondens
Simon Pharisaeus dixit: Aestimo quia is cui plus donauit. Et laudata
est eius sententia dicente domino: *Recte iudicasti.* Recte iudicauit Pha-
risaeus, qui male cogitauit putans quod ignoraret magis dominus pec-
cata mulieris quam donaret. Sed laudatur eius sententia, ut excusatio ei
omnis adimatur.

86. Plus remissum est ecclesiae, quae congregata est ex populo na-
tionum, quoniam plus debebat, sed et ipsa plus soluit non exigenti, sed
donanti. Dedit aquam pedibus Christi, quia sua peccata mundauit, os-

---

270 루카 7,41-43 참조.

271 루카 7,43.

272 암브로시우스는 그리스도의 자비로 빚을 탕감받은 '빚쟁이 교회'(ecclesia debitrix)의
표상으로 교회의 본성을 설명한다.

입니다. 그러나 그대가 영혼의 말씀을 독점하고, 말씀을 여읜 과부 같은 영혼에게 불모의 청상과부 생활을 명하는 것이 더 무거운 죄입니다.

제22장. 빚쟁이 교회

85. 내가 연인의 마음으로 이것을 권고하고 있다는 사실을 여러분이 알아 주시기 바랍니다. 합법적으로 잘 꾸어 주는 것이 무엇인지 여러분이 알 수 있도록, 어떤 채권자를 본받아야 하는지 여러분에게 보여 드리겠습니다. **"어떤 채권자에게 채무자가 둘 있었다. 한 사람은 오백 데나리온을 빚지고 다른 사람은 오십 데나리온을 빚졌다. 그들은 갚을 길이 없으므로 둘 다 빚을 탕감해 주었다. 그러면 누가 그 채권자를 더 사랑하겠느냐? 바리사이 시몬이 '더 많이 탕감받은 사람이라고 생각합니다' 하고 대답하며 말했다."**[270] 주님께서는 **"옳게 판단하였다"**[271]라고 말씀하시며 그의 판단을 칭찬하셨습니다. 바리사이가 옳게 판단했습니다. 그는 주님께서 여자의 죄를 탕감해 주신다고 믿기보다는, 오히려 여자의 죄를 모르신다고 여기면서 나쁘게 생각했던 자입니다. 그러나 그에게 변명의 여지를 남기지 않으시려고 주님께서는 그의 판단을 칭찬하셨습니다.

86. 다른 민족들의 백성에게서 모인 교회에는 더 많은 용서가 베풀어졌습니다. 교회가 더 많은 빚을 지고 있었기 때문입니다.[272] 그러나 교회 자신도 빚받이꾼이 아니라 탕감해 주시는 분께 더 많이 갚아 드렸습니다. 자신의 죄를 깨끗이 씻어 주셨기에 그리스도의 발에 물을 부어

culata est pedes, ferens pacis insignia misit oleum in pedes eius mise-
ricordiam et ipsa in pauperes conferendo – isti sunt pedes Christi; in
his etenim innocentius ambulat Christus – et capillis capitis sui tersit;
Christo enim humiliatur, quicumque habet humilitatis affectum. *Et
ideo* inquit *dimissa sunt peccata eius multa, quoniam dilexit multum.*

87. Aduerte quod dominus et misericordiam quasi liberalis impertit
et iudicium cum miseratione dispensat. Ante donauit per gratiam, sed
quibus donaret sciebat. Non habet quod excuset Iudaeus. Mihi quasi
peccatori plura donauit, illi quasi ingrato minora concessit. Sciuit ta-
men quod et ille quasi ingratus non possit quod accepisset exsoluere et
ecclesia memor gratiae eo plura solueret quo plura meruisset.

23

88. Habetis ergo quem sequamini faeneratorem, si uultis laude do-
nari, si uultis non esse quod reprehendatur a nobis. Nos enim non per-
sonae obtrectamus, sed auaritiae. Nec fefellit dixisse aliquos, cum ante

---

273 루카 7,38.44-46 참조. 274 루카 7,47 참조.

드렸고, 발에 입을 맞추었으며, 평화의 표시를 하면서 그분의 발에 기름을 발라 드렸고, 교회 자신도 가난한 이들에게 자비를 베풀었습니다. 이 가난한 사람들은 그리스도의 발입니다. 그리스도께서는 이 발로 더욱 순결하게 걸어가십니다. 교회는 자신의 머리카락으로 그 발을 닦아 드렸습니다.[273] 겸손의 정을 지니고 있는 이는 누구나 그리스도께 자신을 낮춥니다. 그래서 **"많이 사랑했기 때문에 그 많은 죄를 용서받았다"**[274] 라고 한 것입니다.

87. 주님께서는 너그럽게 자비를 베푸시고, 연민으로 심판을 내리신다는 사실을 그대는 깨달으십시오. 일찍이 은총으로 탕감해 주셨지만, 누구를 탕감해 주셔야 할지 아셨습니다. 유다인에게는 변명의 여지가 없습니다. 그분께서는 저 같은 죄인에게 많은 것을 탕감해 주셨고, 저런 배은망덕한 유다인에게는 더 적은 것을 허락하셨습니다. 그러나 그분께서는 그 배은망덕한 유다인은 받은 것을 되갚지 못할 것임을 알고 계셨고, 은혜를 기억하는 교회는 더 많이 누린 만큼 더 많이 당신께 갚아 드리리라는 것도 알고 계셨습니다.

제23장. 재산을 잃어도 명예와 신의는 잃지 않는 보증

88. 그대들이 칭송받기를 원하고, 우리에게 비난받을 일이 없기를 바란다면, 그대들이 따라야 할 채권자가 있습니다. 우리는 사람을 비난하지 않고, 탐욕을 비난할 따름입니다. 이틀 전 우리 강해[275]▶가 몇몇 사람들의 심기心氣를 건드렸을 때 그들이 했다는 말을 내가 모르지 않

hoc biduum tractatus noster eorum conpunxisset affectum: «Quid sibi uoluit episcopus aduersus faeneratores tractare, quasi nouum aliquid admissum sit, quasi id non etiam superiores fecerint, quasi non uetus sit faenerare?» Verum est nec ego abnuo, sed et culpa uetus est. Denique peccatum ab Adam, ex illo culpa, ex quo et Eua, ex illo praeuaricatio, ex quo et humana condicio. Sed ideo Christus aduenit, ut inueterata aboleret, noua conderet, et quae inueterauerat culpa renouaret gratia, ideo se passioni obtulit, ut renouaret spiritu, ut absolueret uniuersos; diabolus autem Euam decepit, ut subplantaret uirum, obligaret hereditatem.

89. Quid faeneratores faciunt? Decipiunt defaeneratos, obligant fideiussores. Sed non Tobias pignus quaesiuit, aut fideiussorem poposcit. Currendum est igitur, ut fideiussorem requiras, ut eum tuis nominibus obstringas. Ecce paratur alter inimicus. Nam cum tu non habueris unde debitum soluas, ille pro te tenebitur. Inuenieris in eo circumuentor et fallax, qui amicum deceperis. Ille nudabitur, ille pro te in uincula ducetur, illum grauiorem exactorem creditore patieris, qui allegat:

◀275 전례 도중에 행하는 복음 해설을 '설교'(sermo/homilia)라 하고, 성경 풀이 특강을 '강해'(tractatus)라 하지만, 이 둘은 종종 동의어처럼 혼용되기도 한다. 이와 달리, 청중 없이 집필된 본격적 성경 주석서를 '주해'(commentarium)라고 한다.

276 『토빗기』는 적어도 두 차례에 걸친 강해로 이루어진 작품이며, 첫 번째 강해와 두 번째 강해 사이에는 이틀의 공백이 있었음을 증언하는 대목이다.

277 히브 8,13 참조.

습니다.[276] "주교는 무슨 심보로 이자놀이꾼들을 거슬러 강해를 하는가? 무슨 새로운 잘못이라도 저질렀단 말인가? 조상들도 그런 일을 하지 않았던가? 대출은 오랜 관행 아닌가?" 맞습니다. 나도 부인하지 않겠습니다. 그러나 오랜 잘못이기도 합니다. 죄가 아담에게서 비롯했고, 아담에게서 잘못이 나왔으며, 아담에게서 하와도 나왔습니다. 아담에게서 범죄가 탄생했고, 아담에게서 인간 조건도 생겼습니다. 그러나 그리스도께서는 낡은 것을 허물고 새로운 것을 세우러 오셨고,[277] 죄로 낡아 빠진 것을 은총으로 새롭게 하러 오셨습니다. 그분께서는 모든 이를 영으로 새롭게 하시고 해방시키시고자 당신을 고난에 바치셨습니다. 그러나 악마는 남자를 걸려 넘어지게 하고 유산을 저당 잡기 위해 하와를 속였습니다.[278]

89. 돈놀이꾼들은 무엇을 합니까? 채무자들을 속이고 보증인들을 옭아맵니다. 그러나 토빗은 담보물을 요구하거나 보증인을 요청하지도 않았습니다.[279] 그대는 그대 명의의 채무에 묶어 둘 보증인을 찾아 쫓아다녀야 합니다. 보십시오. 또 다른 원수가 준비되었습니다. 그대가 빚을 갚을 수 없게 되면, 그 보증인이 그대 대신 붙들리게 될 것이기 때문입니다. 이렇게 그대는 친구를 등쳐 먹은 사기꾼이자 거짓말쟁이였음이 드러납니다. 그 보증인은 벌거숭이가 되어, 그대 대신 쇠고랑을 차고 끌려가게 될 것입니다. 그대는 채권자보다 더 가혹한 빚받이꾼[推尋

---

278 아우구스티누스는 『율리아누스 반박』에서 원죄에 대한 동방과 서방 교부들의 가르침을 제시하면서 『토빗 이야기』의 이 대목을 그대로 인용한다. 『율리아누스 반박』 1,3,10; 『토빗 이야기』 9,33; 이 책 해제의 '친저성 문제' 항목 참조.

279 토빗 4,20 참조.

«Stimula ciuem tuum, quem spopondisti». Ita fiet, ut ipse quoque esse incipias ingratus et praetereas illud quod scriptum est: *Gratiam repromissoris ne obliuiscaris; dedit enim pro te animam bonam.* Necesse est dicas: «Quis enim te quaerebat fidem dicere? Nam nisi tu fidem dixisses, ego non accepissem pecuniam. Adulteram accepi pecuniam, aes auro admixtum mihi dedit: utinam te non optulisses! Fortasse te creditor subornauit, uel tu illum».

90. Ergo caue ne alieno te obliges debito, ne hoc quoque uendidisse dicaris, ne si quid tibi, ut habet usus amicitiae, debitor dederit gratiae, te uideatur emisse. Aut si uis interuenire, moueris amici obsecratus oratis, erubescis negare, ita interueni, ut si debito soluendo ‹par› non fuerit, de tuo noueris esse soluendum. In haec paratus accede. Legisti enim: *Non spondeas super uirtutem tuam; si enim spoponderis, quasi restituens cogita,* et infra: *Recipe proximum secundum uirtutem tuam et adtende tibi ne cadas,* id est ne maiore te obliges nominis quantitate quam ferre possunt atque exsoluere tuarum copiae facultatum. Si enim quod habes tradas, amisisti opes, non amisisti fidem. Famae tuae damna non sentis, redemisti amicum sine tua fraude. Alibi quoque id te

280 집회 29,15 참조.   281 집회 8,13 참조.
282 집회 29,20 참조.

鉛]으로 변한 그 보증인을 견뎌야 할 터이니, 채권자는 보증인에게 이런 제안을 합니다. "네가 보증 서 준 고향 친구를 다그쳐." 보증인이 실제로 그리하면 그대도 배은망덕해지기 시작하여, **"보증인의 은혜를 잊지 마라. 그는 너를 위해 선한 영혼을 주었다"**[280]고 쓰인 말씀을 무시합니다. 그리고 이렇게 말할 수밖에 없게 됩니다. "누가 자네더러 보증을 서 달라고 부탁했는가? 자네만 보증을 서지 않았더라도 나는 돈을 받지 않았을 거야. 나는 가짜 돈을 받았고, 채권자는 나에게 금 섞인 구리돈을 주었을 뿐이라네. 자네가 나서지 않았더라면 좋았을 것을! 혹시 채권자가 자네를 매수買收했는지, 자네가 채권자를 그리했는지 알게 뭐람."

90. 그러므로 그대는 다른 사람의 빚보증을 서지 않도록 조심하십시오. 그대가 이런 것마저 팔아 치웠다는 말을 듣지 않도록 하십시오. 우정의 관행상 채무자가 고마움을 표시하더라도, 그대는 돈으로 호의를 산 것처럼 보이지 않도록 조심하십시오. 그대가 개입하기를 원하고, 친구의 간절한 부탁에 마음이 흔들려 차마 거절하기 부끄럽거든, 그가 빚을 갚지 못할 '비슷한' 경우에는 그대의 돈으로 갚아야 한다는 사실을 알고 끼어드십시오. 이런 일에 대비하여 진행하십시오. 그대는 이러한 말씀을 읽었습니다. **"네 능력을 넘어 보증을 서지 마라. 보증을 선다면 대신 갚아 줄 생각을 하여라."**[281] 그 아래에 이런 말씀도 있습니다. **"네 힘이 닿는 대로 이웃을 구해 주어라. 그러나 너 자신도 넘어지지 않도록 조심하여라."**[282] 곧, 그대의 재산으로 넉넉히 감당하고 갚아 낼 수 있는 한도보다 더 많은 책임을 지지 말라는 것입니다. 그대가 가진 것을 넘겨준다 할지라도, 그대는 재산만 잃었을 뿐 신의는 잃지 않았기 때문

monent Prouerbia Salomonis dicentis: «Spondens sponde amicos tuos, *quemadmodum qui obligat se sponsorem amicorum suorum*». Si autem non habes, audi quid dicat Solomon: *Noli dare te in sponsionem erubescens personam; si enim non habueris unde soluas, auferet stramentum desub lateribus tuis.* Ergo bonus faenerator adquirit gratiam, execrationem inprobus.

24

91. Sed non his tantum uirtutum finibus contentus sanctus Tobias mercennario quoque sciuit soluendam esse mercedem. Dimidium usque obtulit meritoque pro mercennario inuenit angelum. Et tu unde scis, ne forte iustum aliquem mercede defraudes, peius, si infirmum – uae enim illi qui scandalizauerit unum de pusillis istis! – qui scis an in eo angelus sit? Neque enim dubitare debemus quod in mercennario possit esse angelus, cum esse possit Christus, qui in minimo quoque esse consueuit.

---

283 암브로시우스의 진술과는 달리, 잠언 어디에도 보증과 담보를 권하는 대목은 없다. 오히려 잠언 17장 18절에서는 "어리석은 사람은 자기 친구를 위해 보증을 설 때 박수를 친다" (Stultus homo plaudet manibus cum spoponderit pro amico suo: 『불가타』)고 경고한다. 암브로시우스가 "어리석은 사람"(stultus homo)은 생략한 채, 나머지 성경 대목만 부분적으로 활용하여 "네 친구들을 위해 보증을 서 주어라"라는 뜻으로 바꾼 까닭은 무엇일까? 돈의 여유가 있는 사람은 우정을 위하여 돈을 잃을 각오로 기꺼이 친구들의 보증을 서 주라는 말을 성경의 권위에 기대서 하고 싶었을 것이다.

284 잠언 22,26-27 참조.   285 토빗 4,14; 12,1.4 참조.

입니다. 그대의 명예도 훼손당하지 않고 그대도 해를 입지 않고 친구를 구제한 셈입니다. 솔로몬의 잠언은 다른 곳에서도 그대에게 권고하며 이렇게 말합니다. **"보증을 서려거든, 자기 친구들을 위해 후원자의 의무를 기꺼이 짊어지는 사람처럼 네 친구들에게 보증을 서 주어라."**[283] 그러나 가진 재산이 없다면 솔로몬의 이 이야기를 들으십시오. **"너는 부끄러워 얼굴을 붉히면서 너 자신을 담보로 내놓지 마라. 네가 갚을 길이 없을 때 그는 네 옆구리 밑의 잠자리까지 빼앗아 갈 것이다."**[284] 그러므로 선한 대출자는 은총을 얻고, 악한 대출자는 천벌을 받습니다.

제24장. 노동자를 아프게 하지 마라

91. 그러나 도덕규범의 울타리 안에만 안주安住하지 않았던 거룩한 토빗은 품팔이 노동자에게도 품삯을 갚아야 한다는 사실을 알고 있었습니다.[285] 토빗은 [가지고 온 돈의] 절반까지 품삯으로 나누어 주었고, 그 결과 훌륭한 품꾼 대신 천사를 발견했습니다.[286] 그대가 혹시라도 의로운 사람을 품삯으로 착취하고 있는지 어찌 압니까? 그가 힘없는 사람이라면 더 고약하거니와, 이 작은 이들 가운데 하나라도 걸려 넘어지게 하는 이는 불행합니다![287] 그 보잘것없는 사람 안에 천사가 있을지 누가 압니까? 품팔이 노동자 안에 천사가 있을 수 있다는 사실을 우리는 결코 의심하지 말아야 합니다. 가장 작은 이 안에도 즐겨 머무시는 그리스도께서 계실 수 있으니 말입니다.[288]▶

---

286 토빗 5,4; 12,15 참조.　　　　　287 마태 18,10 참조.

92. Redde ergo mercennario mercedem suam nec eum laboris sui mercede defrudes, quia et tu mercennarius Christi es et te conduxit ad uineam suam et tibi merces reposita caelestis est. Non ergo laedas seruum operantem in ueritate neque mercennarium dantem animam suam, non despicias inopem, qui uitam suam labore exercet suo et mercede sustentat. Hoc est enim interficere hominem, uitae suae ei debita subsidia denegare. Et tu mercennarius es in hac terra: da mercedem mercennario, ut et tu possis domino dicere, cum precaris: *Da mercedem sustinentibus te.*

93. Tobis tibi dicit: *Luxuria mater est famis,* in quo continentiam docet. Dicit etiam: *Mercedem omni homini, qui penes te operatus fuerit, redde eadem die et non maneat penes te merces hominis; et merces tua non minorabitur.* Dicit tibi: *Noli bibere uinum in ebrietate,* dicit tibi: *De pane tuo communica esurientibus.* – uides quid te faenerare cupiat – *et de uestimentis tuis nudos tege. Ex omnibus quae tibi abundauerint fac elemosynam. Omni tempore benedic dominum.* In his itaque faenus aeternum est et usura perpetua.

◀288 마태 25,40 참조.   289 마태 20,1 참조.
290 집회 36,15 참조.   291 토빗 4,13 참조.
292 토빗 4,14 참조.   293 토빗 4,15 참조.
294 토빗 4,17 참조.   295 토빗 4,16.19 참조.

92. 그러므로 품팔이 노동자에게 그의 품삯을 되돌려 주고, 노동자에게서 자기 노동의 대가를 착취하지 마십시오. 그대도 그리스도의 품팔이꾼이기 때문입니다. 그리스도께서는 그대를 당신 포도밭으로 데려가셨고,[289] 그대에게는 천상 품삯이 예치되어 있습니다. 그러므로 진리 안에서 일하는 종과 자기 목숨을 내어 주는 품팔이 노동자를 아프게 하지 마십시오. 자기 노동으로 자신의 삶을 꾸려 가고 품삯으로 생계를 유지하는 가난한 사람을 경멸하지 마십시오. 가난한 사람의 삶에 필수적인 도움을 거절한다면, 이는 인간을 살해하는 것입니다. 이 땅에서 그대도 품팔이꾼입니다. 그대가 기도할 때 **"주님, 당신을 떠받드는 이들에게 품삯을 주소서"**[290]라고 주님께 말씀드릴 수 있도록, 그대도 품팔이 노동자에게 품삯을 주십시오.

93. 토빗은 그대에게 이렇게 말합니다. **"사치는 굶주림의 어머니다."**[291] 이 말로 절제를 가르쳐 줍니다. 이렇게도 말합니다. **"네 곁에서 일한 모든 사람에게 품삯을 그날 돌려주어라. 인간의 품삯이 네 곁에 남아 있지 않으면 네 품삯도 줄어들지 않을 것이다."**[292] 토빗은 그대에게 이렇게 말합니다. **"취하도록 포도주를 마시지 마라."**[293] 그대에게 이렇게 말합니다. **"굶주린 이들에게 네 빵을 나누어 주어라."**[294] 그대가 무엇을 꾸어 주기를 그분께서 바라고 계시는지 그대는 알고 있습니다. **"네 옷으로 헐벗은 이들을 덮어 주어라. 너에게 넉넉한 모든 것으로 자선을 행하여라. 모든 때에 주님을 찬미하여라."**[295] 이러한 것들 안에 영원한 이윤이 있고 무궁한 이자가 있습니다.

암브로시우스 연보

1. 이 연보는 G. Visona, *Cronologia Ambrosiana. Bibliografia Ambro-
   siana*, Roma 2004를 따랐다.
2. 인명과 지명은 한국교부학연구회의『교부학 인명 · 지명 용례집』(하성수
   엮음, 분도출판사 2008)을 따랐다.

연도	생애	주요 사건
337. 5		• 콘스탄티누스 황제가 죽음
340년경	• 트리어에서 태어남(또는 334년경)	
340년		• 아버지 암브로시우스의 직속상관 콘스탄티누스 2세 황제 피살
353. 1. 6	• 리베리우스 교황이 로마에서 누이 마르켈리나의 착복식을 집전함	
353. 11. 13		• 아우구스티누스 탄생
355년 초		• 밀라노 교회회의에서 디오니시우스 주교를 귀양 보내고 친아리우스파 아욱센티우스를 주교로 선출
359. 6		• 콘스탄티우스 2세 황제가 리미니 교회회의에서 신앙 정식을 강요함
361. 11		• '배교자' 율리아누스 황제가 제신 신앙의 복원을 꾀함(363년 6월까지)
364. 2. 27		• 발렌티니아누스 1세가 서방의 황제가 됨
364. 3. 28		• 발렌스가 동방의 황제가 됨
366. 9		• 리베리우스 교황이 죽고 다마수스가 교황으로 선출됨
368년 3월 이후	• 형 사티루스와 함께 시르미움 법원의 변호사로 일함 • 시르미움의 지방 총독 프로부스의 보좌관으로 임명됨	

연도	생애	주요 사건
370년경	• 밀라노에 관청 소재지를 둔 에밀리아 리구리아의 집정관이 됨	
374년 가을경	• 아욱센티우스의 죽음으로 공석이 된 밀라노의 주교로 선출됨	
374. 11. 30	• 세례 받음	
374. 12. 7	• 주교 수품	
375. 11. 17		• 발렌티니아누스 1세 황제가 죽음
375. 12. 22		• 네 살 난 발렌티니아누스 2세가 서방의 황제가 됨
377년	• 첫 작품 『동정녀』, 『과부』 저술	
378년 2월경	• 형 사티루스가 죽음	
378년 여름경	• 로마 교회회의에서 다마수스 교황을 변호함	
378. 8. 9		• 발렌스 황제가 죽음
378년 하반기	• 그라티아누스 황제의 요청으로 『신앙론』 제1-2권 저술	
379. 1. 1		• 대 바실리우스가 죽음
379. 1. 19		• 테오도시우스가 동방의 황제가 됨
379. 8. 3		• 그라티아누스 황제가 이단 제재법을 반포함 (『테오도시우스 법전』 16,5,5)
380. 2. 28	• 『신앙론』 제3-5권 저술	• 테오도시우스 칙령으로 가톨릭 신앙을 명령함 (『테오도시우스 법전』 16,1,2)
381. 2~3	• 『성령론』 구상	
381. 5~6		• 콘스탄티노플 공의회
381. 9. 3	• 아퀼레이아 교회회의 참석	
381년 여름	• 로마 교회회의 참석	
381년 가을		• 그라티아누스 황제가 이교 문화 청산을 준비함. 원로원에서 빅토리아 여신 제단을 철거함

연도	생애	주요 사건
383년		• '찬탈자' 막시무스가 그라티아누스 황제를 죽이고 서방의 황제가 됨
383년 여름	• 빅토리아 여신 제단 문제로 로마 원로원의 심마쿠스와 맞섬	
384년 가을		• 아우구스티누스가 밀라노에 옴
384. 12		• 다마수스 교황이 죽고 시리키우스가 교황으로 선출됨
385년 부활절	• 대성당을 아리우스파에게 양도하는 문제로 황실과 대립	
386년	• 대성당 문제로 황실과 극한 대립 (3월 27일~4월 2일 성목요일까지)	
386. 6. 17~20	• 순교자 게르바시우스와 프로타시우스의 유해를 발굴하여 안치함	
387년 부활절	• 아우구스티누스에게 세례를 줌 (4월 24~25일)	
388. 8. 28		• '찬탈자' 막시무스가 아퀼레이아에서 테오도시우스 황제에게 살해됨
390년	• 테살로니카 민중 학살 문제로 테오도시우스 황제에게 편지를 보내 교회 규정대로 참회할 것을 요구하였고, 일정 기간 참회한 황제는 성탄절에 다시 교회에 받아들여짐	
391. 2. 24		• 로마에서 모든 형태의 이교 의식을 금지함(『테오도시우스 법전』 16,10,10)
391. 6. 9		• 이단자와 배교자의 모든 권리를 박탈함(『테오도시우스 법전』 16,7,5)
392년 초	• 안티오키아 열교 문제로 카푸아 교회회의 참석	
392년 부활절	• 에우세비우스의 조카 암브로시아 착복식에서 『동정녀 교육』 초안 설교	

연도	생애	주요 사건
392. 5. 5	• 발렌티니아누스 2세 황제의 부름을 받고 갈리아로 가던 도중 황제의 피살 소식을 들음	
392년 여름	• 발렌티니아누스 2세 장례식에 참석하여 추도사 「발렌티니아누스의 죽음」을 남김	
392. 8. 22		• 프랑크족 사령관 아르보가스투스가 에우게니우스를 황제로 선포함
392. 11. 8		• 제국 전역에서 모든 이교 의식을 금지함(『테오도시우스 법전』 16,10,12)
393년 초	• 밀라노 교회회의에서 요비니아누스를 단죄함	
393년 봄~여름	• 에우게니우스가 이탈리아를 침공하자, 볼로냐와 파엔차로 피신함. • 볼로냐에서 순교자 아그리콜라의 유해를 발굴함	
394. 3	• 대성당을 봉헌한 과부 율리아나의 초대로 성전 축복식을 거행하러 피렌체에 감	
394. 8	• 피렌체에서 밀라노로 돌아옴	
394. 9. 6		• 테오도시우스 황제가 슬로베니아에서 에우게니우스를 죽이고, 아르보가스투스 사령관은 이틀 뒤 자살함
394. 9	• 에우게니우스에게 거둔 승리 소식을 담은 테오도시우스 황제의 편지에 답하면서, 에우게니우스 잔당에 대한 관용을 당부함	
395. 1. 17		• 테오도시우스 황제가 밀라노에서 죽음
395년	• 테오도시우스 황제의 아들이며 후계자인 호노리우스 앞에서 추도사	

연도	생애	주요 사건
	「테오도시우스의 죽음」을 남김 • 순교자 나자루스의 유해를 발굴하여 이장함	
397년 초	• 주교 서품을 위해 파비아에 감	
397. 4. 4	• 성토요일 새벽, 성체를 모신 뒤 선종	

암브로시우스 저술 목록

(1) 암브로시우스 저술의 원제목은 *Clavis Patrum Latinorum*과 Adalbert KELLER (ed.), *Translationes Patristicae Graecae et Latinae. Bibliographie der Übersetzungen altchristlicher Quellen*, Stuttgart 1997, 21-41 을 근간으로, A. DI BERRARDINO (ed.), *Patrologia*, vol. 3, Roma 1983; E. DASSMANN, *Ambrosius von Mailand: Leben und Werk*, Stuttgart 2004; G. VISONA, *Cronologia Ambrosiana. Bibliografia Ambrosiana*, Roma 2004 등을 참고했고, 저술 연도는 G. VISONA, *Cronologia Ambrosiana. Bibliografia Ambrosiana*, Roma 2004를 따랐다.

(2) 암브로시우스 저술의 우리말 번역은 한국교부학연구회 장인산의 초역 (한국 가톨릭 대사전 8, 5874-5882)을 수정 · 보완하여 암브로시우스 『나봇 이야기』(최원오 역주, 분도출판사 2012)에 부록으로 실었다가, 한국교부학 연구회의 검토를 거쳐 『교부 문헌 용례집』(노성기 · 안봉환 · 이상규 · 이성 효 · 최원오 · 하성수 엮음, 수원가톨릭대학교출판부 2014)에도 수록한 내용에 근거했다.

저서	저술 연도
Apologia David altera 다윗에 관한 둘째 변론	387/388년 이전
Contra Auxentium / Sermo contra Auxentium de Basilicis tradendis 아욱센티우스 반박	386년경
De Abraham 아브라함	378~388년경
De apologia prophetae David 다윗 예언자 변론	387/388년경

De obitu Theodosii
테오도시우스의 죽음   395년

De obitu Valentiniani
발렌티니아누스의 죽음   392년

De officiis ministrorum
성직자의 의무   388~390년경

De paenitentia
참회론   389년경

De paradiso
낙원   377~378년경

De patriarchis
성조   390년 이전

De sacramentis
성사론   392년 이전

De sacramento regenerationis sive de philosophia (fragm.)
재생의 성사 또는 철학(단편)   연대 미상

De Spiritu Sancto
성령론   381년

De Tobia
토빗 이야기   386~389년경

De viduis
과부   377년

De virginibus (ad Marcellinam sororem)
(마르켈리나 누이에게 보낸) 동정녀   377년

De virginitate
동정   연대 미상

Epistulae
서간집   연대 미상

Hexaemeron
육일 창조   386~390년경

Exhortatio virginitatis 동정 권면	394년
Explanatio psalmorum XII 열두 시편 해설	연대 미상
Explanatio symboli 신경 해설	연대 미상
Expositio psalmi CXVIII 시편 제118편 해설	389~390년 또는 395~396년
Expositio evangelii secundum Lucam 루카 복음 해설	390년
Expositio Isaiae prophetae 이사야서 해설	390년 이전
Hymni 찬가집	연대 미상
Vita Ambrosii (Paulinus) 암브로시우스의 생애(파울리누스)	412/413년 또는 422년경

암브로시우스 AMBROSIUS

로마 시 귀족 가문 출신으로 340년경 트리어에서 태어났다. 갈리아 속주 총독이었던 아버지가 일찍 세상을 떠나자, 남은 가족은 로마로 돌아갔고, 암브로시우스는 그곳에서 정통 교육을 받았다. 젊은 암브로시우스는 시르미움의 법원에서 변호사로 짧게 활동했고, 프로부스 총독의 보좌관으로 일했다. 370년경 서른 남짓한 나이로 밀라노에 행정 관청을 둔 에밀리아 리구리아의 집정관이 되었다. 374년, 밀라노의 후임 주교 선출을 둘러싼 니케아 정통 신앙파와 아리우스파의 극한 대립을 감독하러 밀라노 대성당에 들어서던 암브로시우스는 기적처럼 밀라노 주교로 선출되었다. 때늦은 세례를 받은 지 이레 만에 주교품을 받았고, 지니고 있던 재산을 가난한 이들에게 나누어 주었다.

자신을 위해서는 아무것도 소유하지 않았으며, 거룩한 말씀을 묵상하고 수도승처럼 수행 정진함으로써, 4세기의 가장 위대한 서방 교부로 우뚝 섰다. 그의 인품과 설교는 아우구스티누스의 회심에도 큰 영향을 주었다. 제국과 황실의 부당한 권력과 횡포에 저항하며 교회와 국가의 관계에 균형추를 놓았고, 가난한 이들과 사회적 약자들에 대한 특별한 사랑으로 사회 정의를 위해 헌신하다가, 397년 4월 4일, 성토요일에 선종하여 이튿날인 부활 대축일에 밀라노 주교좌 대성당에 묻혔다.

히에로니무스, 아우구스티누스, 대 그레고리우스와 더불어 서방교회 4대 교부로 공경받고 있다.

최원오

대구가톨릭대학교 교수다. 광주가톨릭대학교와 대학원을 졸업하고, 로마 아우구스티누스 대학에서 교부학 박사학위를 받았다. 부산가톨릭대학교 교수를 지냈다. 『내가 사랑한 교부들』(분도출판사 2005, 공저), 『종교 간의 대화』(현암사 2009, 공저), 『교부 문헌 용례집』(수원가톨릭대학교출판부 2014, 공저)을 지었고, 『교부들의 길』(성바오로출판사 2002, 공역), 포시디우스의 『아우구스티누스의 생애』(분도출판사 2008, 공역주), 아우구스티누스의 『요한 서간 강해』(분도출판사 2011, 공역주), 『교부들의 성경 주해. 신약 III: 마르코 복음서』(분도출판사 2011), 암브로시우스의 『나봇 이야기』(분도출판사 2012), 오리게네스의 『원리론』(아카넷 2014, 공역주), 『성 아우구스티누스』(분도출판사 2015, 공역)를 우리말로 옮겼다.